GOLDMANN
Lesen erleben

Buch

Jeder kennt diese Tage, die von kleinen und größeren Missgeschicken gespickt sind, und an denen man sich nur noch denkt: Was für ein Scheißleben. Doch statt sich allein über die kleineren und größeren Gemeinheiten des Lebens zu ärgern, lässt man besser die Welt daran teilhaben und lacht gemeinsam darüber. Denn geteiltes Leid ist halbes Leid, und Humor ist, wenn man trotzdem lacht. Hier versammelt sind noch mehr der komischsten und tragischsten Beiträge zum Mitlachen und Mitleiden – Scheißleben continued.

Autoren

Maxime Valette und Guillaume Passaglia arbeiten selbstständig als Berater und Webdesigner. Der französische Internetblog »Scheißleben«, auf dem dieses Buch basiert, ist ihr erstes gemeinsames Projekt.

Pénélope Bagieu ist eine renommierte französische Illustratorin. Sie arbeitet für Tageszeitungen, Magazine und in der Werbung.

Von Maxime Valette und Guillaume Passaglia
außerdem im Programm:
Scheißleben (17332)

Maxime Valette
Guillaume Passaglia

Scheißleben
continued

Das darf
nicht wahr sein!

Mit Illustrationen von
Pénélope Bagieu

Aus dem Französischen
von Nora Schreiber

GOLDMANN

Verlagsgruppe Random House FSC-DEU-0100
Das für dieses Buch verwendete FSC®-zertifizierte Papier
Classic 95 liefert Stora Enso, Finnland.

1. Auflage
Überarbeitete Taschenbuchausgabe Mai 2013
Wilhelm Goldmann Verlag, München,
in der Verlagsgruppe Random House GmbH
© der deutschsprachigen Ausgabe 2009
Wilhelm Goldmann Verlag, München,
in der Verlagsgruppe Random House GmbH
© 2008 Éditions Privé, Paris
Originaltitel: Vie de Merde
Umschlaggestaltung: Uno Werbeagentur, München
Innenillustrationen: Pénélope Bagieu
Satz: Buch-Werkstatt GmbH, Bad Aibling
Druck und Bindung: GGP Media GmbH, Pößneck
BK · Herstellung: IH
Printed in Germany
ISBN 978-3-442-17333-4

www.goldmann-verlag.de

INHALT

DUMM GELAUFEN

Manche Menschen scheinen unter dem Aszendent »falsche Zeit –
falscher Ort« geboren zu sein. Klar, wir wissen: Ihr könnt nichts
dafür. Wird schon wieder. Hätte schlimmer kommen können,
ehrlich. Morgen ist alles nur noch halb so wild. Oder auch nicht.

Heute unterhalte ich mich in einem Flirt-Chatroom mit einem Mädchen, wir sind uns auf Anhieb sympathisch. Sie schreibt mir, dass sie ihren Typen verlassen hat, weil er ein Riesenvollidiot war. 20 Minuten später schicken wir uns unsere Fotos – es war meine Ex. SL

Heute kam ich sturzbetrunken aus der Disco. Ich lege mich ins Bett, da kommt mir plötzlich mein Abendessen wieder hoch. Um meine Eltern nicht zu wecken, öffne ich das Fenster und übergebe mich – auf die Windschutzscheibe des Autos meiner Mutter. SL

Heute lerne ich endlich ein Mädchen aus der Uni kennen, auf das ich schon seit längerem ein Auge geworfen habe. Das Gespräch läuft gut. Wir wohnen im selben Viertel und unterhalten uns darüber. Ich sage, dass das kleine Lokal bei mir unten im Haus einfach grottenschlecht ist. Sie sagt, es gehört ihren Eltern. SL

Heute habe ich mich heimlich aufs Dach geschlichen, um einen dicken Joint zu rauchen ohne meine Alten zu wecken. Aber es war so nass, dass ich ausgerutscht bin und sämtliche Ziegel unter mir kaputtgemacht habe. Dann haben die herabfallenden Ziegel die Glasveranda zerschmettert. SL

Heute habe ich einen Sonnenbrand, nach einer Stunde draußen lernen – in Lille. SL

Heute stand ich mit einem Kumpel an einer Brücke, als zwei stämmige Typen sehr schnell auf uns zukommen. Panisch schmeißen wir unsere 50-Euro-Grastüte in den See. Es waren nur zwei Männer, die es eilig hatten. SL

Heute, nachdem ich über zwei Stunden an einem Entwurf gearbeitet habe, klicke ich anstatt auf »Speichern« auf »Abbrechen«. SL

Heute habe ich meiner Freundin eine SMS geschickt, in der ich ihr sage, dass ich heute Abend mit ihr schlafen will. Aus Versehen ging die Nachricht an ihren Bruder. SL

Heute ist mir aufgefallen, dass das Autokennzeichen meines Land-kreises Schleswig-Flensburg die gleichen Initialen hat wie »Scheiß-leben«. SL

Heute, oder vielmehr gestern, habe ich mich in einer Kneipe in ein Pissoir übergeben, weil die Toiletten alle besetzt waren. Es gab zwei Pissoirs, das andere wurde gerade von einem meiner Schüler benutzt. Ich weiß noch nicht, wie ich am Montag meinen Unterricht halten soll, aber mir bleibt noch das Wochenende, um darüber nachzudenken. SL

Heute habe ich bei meinen Schwiegereltern den Tisch abgeräumt und meiner Frau, die den Kopf gerade in den Kühlschrank ge-steckt hatte, einen kleinen Klaps auf den Hintern gegeben. Es war ihre Mutter. SL

Heute, an einem Freitag um 20 Uhr, dachte ich, dass ich der Letzte im Büro bin, und tat beim Pinkeln so, als ob mein bestes Stück ein Jedi-Laserschwert wäre (inklusive akustischer Unter-malung). Mein Boss, den ich nicht gesehen hatte, sagte zu mir: »Jeder amüsiert sich halt, wie er kann!« SL

Heute bekam ich Taubenscheiße ins Auge, während ich Fahrrad fuhr. SL

Heute in der Früh bekam ich einen Anruf wegen eines Vorstellungsgesprächs. Ich stehe kurz dabei auf, um mir den Termin zu notieren, als meine Hand über die Leertaste meines Laptops rutscht und meinen Pornofilm startet. In voller Lautstärke ertönt ein: »O ja! Steck ihn mir ganz tief rein, ich bin nicht deine Mutter!« SL

Heute, als ich von einer Nacht bei meiner Freundin zurückkomme, schicke ich ihr eine Mail: »Und, hat's dir gestern gefallen?« »Ich weiß nicht, aber ihr wart ziemlich laut.« Es war ihr Vater am PC. SL

Heute habe ich SL im Internet entdeckt. Ich überfliege einige Seiten und stoße auf einen Beitrag, der eindeutig beweist, dass mein Freund mich betrügt. Er hat sich noch nicht einmal die Mühe gemacht, seinen Nickname zu ändern. SL

Heute gebe ich wie jeden Morgen meinem Hund, der neben mir schläft, einen Kuss auf die Schnauze. Nur lag mein Hund heute andersherum. Ich habe ihn auf den Hintern geküsst. SL

Heute gehe ich zum Matheexamen, das zur Aufnahmeprüfung für eine Ingenieurshochschule gehört. Ich hole das aus meiner Tasche, was ich für meinen Taschenrechner halte – und sehe die Fernbedienung für den Fernseher in meiner Hand. Ich wollte diese Prüfung unbedingt bestehen. SL

Heute habe ich auf einer Bergstraße eine Panne, 20 km vom nächsten Dorf entfernt. Ich schiebe das Auto in Richtung Abhang, um ohne Motor hinunterzurollen. Das Auto wird zu schnell, ich kann nicht mehr einsteigen. Es landet in einer Felsschlucht, Totalschaden. SL

Heute habe ich mir einen Spaß daraus gemacht, meine Katze hinter einer Schnur herrennen zu lassen. Um auf eine SMS zu antworten, setze ich mich kurz hin und lege mir die Schnur zwischen die Beine. Die Katze, die nicht verstanden hat, dass ich eine Pause mache, wirft sich mit ausgefahrenen Krallen darauf. SL

Heute haben ein paar Kollegen und ich uns dazu beglückwünscht, superhübsche Frauen zu haben (stark übertreibend). Als eine auf uns zukommt, sage ich: »Die zum Beispiel ist ja wirklich hässlich, Gott sei Dank hat es uns da besser getroffen!«, da sagt ein Kollege: »Das ist meine Frau.« SL

Heute Mittag geh ich im Lokal auf die Toilette. Als ich die Spülung betätige, steigt das Wasser und steigt und steigt… Ich lauf schnell hinaus, zahle, ohne meinen Kaffee zu trinken. Leider hatte ich meine Anzugjacke am Haken der Toilettentür vergessen. SL

Heute, als ich mir bestimmte Körperpartien mit der Haarschneidemaschine rasiere, geht diese kaputt – dabei war ich erst mit einem Hoden fertig. Unnötig, das Gesicht meiner Freundin zu beschreiben, als sie mich ein bisschen verwöhnen wollte. SL

Heute habe ich mich extra aus dem Bett gequält, um meiner Liebsten Croissants fürs Frühstück zu holen. Sie ist mit einer Magenverstimmung aufgewacht. SL

Heute, nein, vielmehr seit zwei Jahren, führe ich eine Fernbeziehung (800 km). Er besucht mich immer eine Woche in den Schulferien, das läuft so weit ganz gut. Nur gab es bislang nicht EINE EINZIGE gemeinsame Woche, in der ich nicht meine Tage hatte. SL

Heute auf dem Weg in die Schule will ich einen anderen Radfahrer überholen, der langsamer fährt als ich. In dem Moment, als ich ihn überhole, dreht er ohne mich zu sehen seinen Kopf nach links und spuckt. SL

Heute bekomme ich auf MSN die Nachricht: »Laura hat sich gerade eingeloggt.« Laura ist der Name von meiner Freundin, und ich schreibe ihr: »Ich habe Lust auf dich«. Leider war es meine Chefin, die auch Laura heißt. SL

Heute habe ich mit meiner Freundin geschlafen. Danach fiel mir auf, dass mein Handy auf dem Bett lag und durch unsere Bewegungen meinen Vater angerufen hat. Er hatte die Mailbox an, aber er wird bald sämtliche Details abhören. SL

Heute Morgen bin ich mit meinem randvollen Becher heißer Schokolade ins Wohnzimmer gelaufen, dabei bin ich mit meinem Pulloverärmel an der Türklinke hängengeblieben. SL

Heute am See hat eine Freundin von mir ihren Ring verloren, an dem sie sehr hängt. Der See ist nicht besonders tief, ich tauche nach ihm. Nach zehn Minuten herumwühlen im Schlick finde ich ihn wieder. Vor Freude springt sie mir in die Arme. Dabei fällt der Ring wieder ins Wasser. SL

Heute putze ich mir wie jeden Tag die Zähne. Danach will ich ein wenig saubermachen und fange mit der Toilette an. Ich suche die alte Zahnbürste, die ich immer für die schwierigen Stellen nehme – und stelle fest, dass es die ist, mit der ich mir seit einer Woche die Zähne putze. SL

Heute habe ich meine Schüler gebeten, mir den Beruf ihrer Eltern zu beschreiben (ich bin Englischlehrer). Alles läuft ganz gut, bis ich einen der schüchterneren Schüler frage, was sein Vater macht. Er wirft mir einen düsteren Blick zu und sagt: »Er ist tot.« SL

Heute wollte ich einen Kuchenteig abschmecken. Ich nahm meinen kleinen Finger und merkte, dass es der Finger war, mit dem ich mich fünf Minuten vorher im Ohr gekratzt hatte. SL

Heute habe ich meinen Kumpel Yannick angerufen, der schon ziemlich betrunken war. Ich sag zu ihm: »Wo bist du, du Vollidiot?« Aber ich hatte die Nummer von einem anderen Yannick gewählt – von Yannick, meinem Chef. SL

Heute wollte ich auf der Arbeit das neue Newsletter-Modul testen, das ich entwickelt habe. Leider ist mir ein kleiner Fehler unterlaufen, und ich habe die Mail »Test« an mehr als 2500 Abonnenten geschickt, mit dem Namen meiner Firma als Betreff. Ich habe noch niemandem etwas gesagt. SL

Heute sagt meine Freundin zu mir: »Weißt du, um sauber zu sein, reicht es, wenn man sich nur drei Mal die Woche wäscht.« Schweigen. SL

Heute habe ich eine SMS an meinen Freund geschickt: »Komm in einer Stunde zu mir, ich liebe dich.« Eine Stunde später klingelte es an der Tür. Es war mein Ex mit einem Strauß Rosen, glücklich und immer noch total verknallt in mich. Ich hatte mich in der Nummer geirrt, mein Ex und mein Freund haben denselben Vornamen… SL

Heute, oder vielmehr gestern, war ich erkältet und griff zum
nächstbesten Taschentuch, das neben meinem Computer rumlag.
Es war nur leider ein paar Stunden vorher schon für was anderes
benutzt worden. SL

Heute nach dem Aufwachen lief ich ins Bad. Meine Katze hatte
sich in der Nacht übergeben. Ich war barfuß. SL

Heute raucht meine Mutter unter der Veranda, mein Vater im
Wohnzimmer, mein großer Bruder im Arbeitszimmer. Ich bin
Nichtraucher. Wo gehe ich hin? SL

Heute, oder vielmehr letzte Nacht, habe ich im Bad auf die Fliesen
gekotzt, die mein Vater seit gestern neu verlegt. Sie waren noch
nicht verfugt. SL

Heute bin ich seit acht Tagen mit meinem neuen Freund zusammen, in den ich nun schon seit drei Monaten verliebt bin. Ich bin aufgedreht und lache sehr laut über seine Witze – so laut, dass ich furzen muss. SL

Heute habe ich meine schriftliche Fahrprüfung gemacht, und nach der 34. Frage ist mir aufgefallen, dass ich alle Antworten um eine Frage verschoben habe. SL

Heute ziehe ich eine Zigarette aus der Packung, stecke sie in den Mund, und sie fällt in eine Pfütze. Ich will mir eine neue nehmen, ziehe die Packung aber verkehrt herum raus, und sie fallen alle ins Wasser. SL

Heute bin ich neben meinem Freund aufgewacht. Ich will ihn küssen, aber im selben Moment dreht er den Kopf heftig weg. Unsere Zähne stoßen zusammen, mir bricht einer, und ich sehe aus wie eine Hexe. Morgen ist Feiertag, und kein Zahnarzt hat auf. SL

Heute bin ich krank. Mein Arzt hat mir ein Antibiotikum verschrieben, während dessen Einnahme man sich nicht in die Sonne legen darf. Morgen fahre ich in den Urlaub auf eine sonnenverwöhnte Insel — der erste Urlaub seit zwei Jahren. SL

Heute ist ein Kumpel von mir mit einem superhübschen Mädchen Aufzug gefahren. Sie fährt in den sechsten, er in den siebten Stock. Sie sind nur noch zu zweit. Sie steigt im sechsten aus. Der Aufzug bleibt zwischen dem sechsten und dem siebten Stock stecken. Er bleibt eine Stunde lang im Aufzug. SL für ihn.

Heute musste ich so dringend Pipi machen, dass meine Freundin auf einem Parkplatz angehalten hat. Ich habe mich zwischen zwei Autos gehockt. Das Problem war nur, dass eines der beiden losgefahren ist. Im vollen Scheinwerferlicht konnten mich dann auch alle anderen auf dem Parkplatz gut sehen. SL

Heute habe ich meinen Autoschlüssel zusammen mit meinem McDonald's-Tablett weggeworfen. Als es mir eine Stunde später auffiel, hatten sie die Mülltonnen schon abgeholt. SL

Heute Abend organisieren wir einen Raclette-Abend. Wir kaufen ein, gabeln ein paar Mädels auf, trommeln mehrere Kumpels zusammen. Der Raclette-Ofen geht nicht. Wir sind zu zwölft, und wir haben Hunger. SL

Heute, genau in diesem Moment, sagt mein 10-jähriger Bruder 15 Gedichte auf, weil er in seiner Schule der Lyrik-Star ist. Er hört einfach nicht auf. SL

Heute hatte ich nur noch 60 Cent, gerade noch genug, um mir in der Cafeteria eine Suppe zu kaufen. Ich werfe das Geld ein, warte und sehe, wie sie herausrinnt — ohne Becher darunter. SL

Heute um 6 Uhr 10 klingelt mein Wecker. Ich strecke meinen Arm aus, um ihn auszumachen und nicht meine Freundin zu wecken, die gerade im Mutterschaftsurlaub ist. Leider drehe ich mich zur falschen Seite und verpasse ihr einen schallenden Haken mitten ins rechte Auge. Davon ist sie dann aufgewacht. SL

Heute habe ich im Krankenhaus eine Samenspende gemacht. Die zuständige Krankenschwester war meine Cousine. SL

Heute habe ich meine Zigarette aus dem Fenster geworfen, aber der Wind hat sie wieder hereingeweht. Ich habe mir die ganze Hose verbrannt. SL

Heute macht mir ein Kumpel Birnen aus der Dose mit geschmolzener heißer Schokolade. Um den Birnensaft zu trinken, kippe ich den Teller in meinen Mund. Die Birne rutscht über den Teller und berührt meine Nase mit der brennend heißen Schokolade. Ergebnis: ein knallroter Punkt, mitten im Gesicht. SL

»Alles O.K.,
danke, mir geht's
blendend...«

Heute gehe ich meinen besten Kumpel in seinem Reptilien-
geschäft besuchen. Während er die Vivarien saubermacht, bemerke ich eine Schlange auf dem Boden, die direkt auf mich
zukommt. Ich schreie und werfe mit etwas Schwerem nach
ihr. Ergebnis: Sie ist tot, war vollkommen harmlos und kostete
3000 Euro. SL

Heute, beziehungsweise vor einiger Zeit, ging ich mit einem Freund und zwei Mädchen nach der Arbeit in ein Restaurant. Gerade, als ich an der Theke einen Geldschein zücke, fallen zwei Kondome aus meinem Portemonnaie. Ich stelle schnell meinen Fuß darauf, aber zu spät – ich habe meinen Ruf weg. SL

Heute will ich ein bisschen meine Wohnung ausmisten. Und ich bin ganz allein. Vorausschauend öffne ich die Eingangstür und stecke die Schlüssel hinein, um sie hinter mir abschließen zu können. Ich belade mich, gehe durch die Tür und schlage sie mit dem Fuß zu. Ich habe die Schlüssel an der falschen Seite steckengelassen. SL

Heute habe ich endlich die Ergebnisse des Auswahlverfahrens erhalten. Ich bin der 61. von 280. Leider nehmen sie nur 60. SL

Heute hatte ich als Famulant meinen allerersten Patienten. Er ist gestorben, als ich ihm Blut abnahm. SL

Heute habe ich mich mit der Telefonistin meines Mobilfunkan-
bieters gestritten, weil nach drei falsch eingegebenen PIN-Codes
mein Handy blockiert war. Nach einer halben Stunde lege ich
genervt auf. Mein Vater hat dasselbe Handy wie ich. Ich habe es
ihm soeben blockiert. SL

Heute hatte ich eine mündliche Prüfung, auf die ich mich schon
seit Monaten vorbereite. Nach dem Lesen meiner Akte sagt eine
Prüferin, sie habe während ihres Studiums im selben Wohnheim
gewohnt wie ich. Daraufhin antworte ich: »Ich wusste gar nicht,
dass das Gebäude so alt ist.« Ich bin durchgefallen. SL

Heute muss ich zu einem Kundentermin 300km weit fahren. Ich
finde die Adresse meines Kunden nicht und will ihn anrufen. Aber
ich habe anstatt meines Handys mein schnurloses Festnetztelefon
mitgenommen. SL

Heute kleine Party unter Freunden. Einer von ihnen fragt mich,
ob ich mich noch an meinen Sportlehrer aus der 7. Klasse erinnern
kann (der regelmäßig Erektionen hatte). Ich antworte lachend:
»Ja klar, das war doch der, der in seinen knappen Höschen immer
einen Ständer hatte!« Mein Kumpel: »Darf ich dir vorstellen, das
ist sein Sohn…« SL

Heute habe ich mich mit einem reizenden Fräulein auf MSN unterhalten, wir hatten die Webcam an, und auf einmal bittet sie mich, für 20 Sekunden meine Brille abzunehmen. Ich gehorche, und da sagt sie zu mir: »Ach nee, du bist immer noch genauso hässlich ...« SL

Heute werde ich von lautem Telefongeklingel wach. Es ist der Klingelton meiner besten Freundin, also schreie ich, anstatt »Hallo?« zu sagen: »Sind Sie noch ganz dicht, die Leute aus dem Bett zu klingeln?« Der Anrufer legt einfach auf. Es war die Chefin des Restaurants, in dem meine Freundin arbeitet und in dem ich mich auch um einen Job beworben hatte. SL

Heute habe ich zwei beste Freunde. Der eine ist verrückt nach mir, ich bin verrückt nach dem anderen. SL

Heute möchte ich meinem Liebling eine Liebesnacht schenken. Ich verabrede mich mit ihm in einem sehr schicken Hotel, gebe ihm die Zimmernummer und warte dort in einem supersexy Outfit. Endlich klopft es, und ich öffne verführerisch die Tür. Es war der Zimmerservice. SL

Heute habe ich in einem Musikgeschäft eine Schallplatte gekauft. Danach war ich noch in einem Kaufhaus, aber ich musste die Tüte am Eingang zutackern lassen. Die zuständige Dame hat mir also die Tüte zugetackert – und die Platte gleich mit. Es war das letzte Exemplar. SL

Heute habe ich mit meiner Freundin geschlafen, als mein Festnetztelefon klingelte. Natürlich lasse ich es klingeln. Gerade als ich den Höhepunkt ansteuere, höre ich auf dem AB die Stimme meiner Mutter: »Guten Morgen, mein Liebling.« SL

Heute wurde ich in der Bahn kontrolliert – kein Ticket. Mit unschuldiger Miene erzähle ich eine Geschichte von wegen »ich hatte kein Kleingeld für den Automaten«, und der Kontrolleur beginnt mir zu glauben. Dann soll ich meinen Ausweis zeigen. Ich hole mein Portemonnaie hervor, und eine ganze Batterie Ein-Euro-Stücke fällt heraus. SL

Heute habe ich ein Auswahlgespräch für ein Aufbaustudium. Ich trage einen Anzug, und es schüttet, aber Gott sei Dank habe ich einen Schirm dabei. Drei Meter von der Eingangstür entfernt trete ich auf eine wacklige Bodenplatte voller Wasser darunter und bin bis zum Bauch mit Matsch bedeckt. SL

Heute habe ich auf einem Gang in der Uni ein Sexrodeo mit einer Professorin simuliert und dabei ekstatisch ihren Namen gerufen. Da kommt sie auf mich zu und sagt mir das Datum für meine mündliche Prüfung. Sie gehört zur Prüfungskommission meiner Disputation. SL

Heute, oder vielmehr gestern Abend, war ich mit Kumpels in der Disco. Dort begegne ich einem Typen, den ich seit Ewigkeiten nicht mehr gesehen habe. Wir unterhalten uns, plötzlich zeigt er auf eine Tussi und sagt: »Hey, die Schnitte da ist echt zu gut im Bett.« Es war meine Freundin. SL

Als ich heute nach Hause fuhr, rief mein Bruder mich an, um mir zu sagen, dass die Polizei an meiner Dorfeinfahrt kontrolliert. Sie waren tatsächlich da. Ich habe zwei Punkte bekommen, wegen Telefonierens am Steuer. SL

Heute bin ich nach einem feuchtfröhlichen Abend im Nahverkehrszug eingeschlafen. Jetzt weiß ich, dass Waggons nicht kontrolliert werden, bevor sie ins Depot fahren, dass die Türen im Depot geschlossen und die Fenster zu schmal und zu hoch sind, um rauszuklettern. SL

Heute habe ich eine Darmspiegelung machen lassen (Besuch meines inneren Ichs an dem Ort, der eigentlich zum Ausstoßen gedacht ist). Ich wache neben einer heißen Tussi auf und beginne ein Gespräch mit ihr. Offensichtlich hat mein Arzt vergessen, mich über die Nebenwirkungen aufzuklären. Ich musste eine Stunde lang furzen. SL

Heute beim Frühstück, nach mehreren Scheiben Gewürzkuchen, die mir ein wenig seltsam vorkamen, inspiziere ich die letzte Scheibe ein wenig genauer. Ich entdecke eine Kolonie kleiner schwarzer und weißer Viecher, die sich nun in meinem Magen befinden. SL

Heute haben meine Freundin und ich miteinander geschlafen. Ich packe sie am Hintern, als ich plötzlich Reste von Toilettenpapier in der Hand habe. So was nennt man einen Lustkiller. SL

Heute habe ich mir zum Wachwerden ein großes Glas Orangensaft eingeschenkt, das ich in einem Zug leergetrunken habe. Leider war in dem Glas noch die Hälfte des Roséweins von gestern Abend. SL

Heute hat sich die Bindung meiner 203 Seiten dicken Doktor-
arbeit gelöst, die ich innerhalb der folgenden Stunde präsentieren
muss. Mir ist es erst aufgefallen, als eine Windböe sie erfasste.
SL

Heute komme ich mit dem Auto an einer Kirche vorbei. Die Fuß-gänger laufen ohne nach links und rechts zu schauen einfach vor mein Auto. Ich mache das Fenster auf und rufe: »Das hätte fast Tote gegeben!« Eine Fußgängerin bricht in Tränen aus. Sie gingen zu einer Beerdigung. SL

Heute fliege ich für ein langes Wochenende nach Barcelona. Ich träume schon seit Wochen von diesen vier Tagen in trauter Zwei-samkeit, fern vom Pariser Grau-in-Grau. Ergebnis: Die Wetter-vorhersage lautet Dauerregen und durchschnittlich 12 Grad. Währenddessen in Paris: 28 Grad. SL

Heute habe ich mir endlich den Pulli geleistet, von dem ich schon seit Wochen träume. Auf dem Weg nach Hause mache ich einen Zwischenstopp bei meiner Cousine, die Geburtstag hat. Ohne nachzudenken lege ich meine Tüte auf den Tisch. Sie bedankt sich bei mir für das tolle Geschenk. SL

Heute ruft mich ein Freund an, um mir zu sagen, dass eine seiner Freundinnen auf mich steht, und zu fragen, ob ich interessiert bin. Ich antworte wie aus der Pistole geschossen: »Uuaahh! Diese hässliche Schnalle? Lieber krepieren!« Er hatte auf Lautsprecher gestellt, und sie saß neben ihm. SL

Heute gehe ich zu Fuß vom Einkaufszentrum nach Hause, weil kein Bus mehr fährt. Es schüttet Bindfäden, ich bin allein auf einer großen Straße, und mein Vater kommt mit dem Auto vorbei. Er schaut mich lachend an, sagt, ich solle zu Fuß nach Hause gehen, damit ich ihm nicht das Auto schmutzig mache, lacht und fährt weiter. SL

Heute Sonnenschein über der Stadt. Ich gehe hinaus auf die Dachterrasse, um mich ein bisschen zu sonnen. Da sehe ich, dass meine Vermieterin dieselbe Idee hatte, nur ist sie splitternackt und 65 Jahre alt. SL

Heute war ich in einer Ausstellung. Es gab ein Büfett und nicht weit davon entfernt mit Zahnstocher aufgespießte Bonbons auf einem Sockel. Ich habe eins davon gegessen, hm, merkwürdig, ein bisschen hart, aber O.K. Erst danach habe ich gemerkt, dass die Bonbons Teil der Ausstellung und mit Klebstoff überzogen waren. SL

Heute saß ich im Zug neben einem alten Typen, der Zeitung las. Plötzlich niest er, ohne sich die Hand vors Gesicht zu halten. Anstatt sich wegzudrehen, dreht er sich zu mir. Ich liebe es, mit Schleim und Spucke bedeckt zur Arbeit zu gehen. SL

Heute hätte ich mein erstes Konzert in einem brechend vollen Saal geben sollen. Kurz bevor es auf die Bühne geht, drehen sich meine Musiker draußen noch einen Joint. Eine Streife kommt vorbei und nimmt sie alle mit. Ich bleibe allein zurück. SL

Heute bin ich zum ersten Mal bei meiner Freundin zum Essen. Ihre Eltern sind sehr nett, der Abend verläuft gut. Als ich mich von ihren Eltern verabschiede, rutsche ich auf dem Teppich aus und versuche mich an irgendetwas festzuhalten. Ergebnis: Schwiegermama mit nackten Brüsten, und ich fühle mich miserabel. SL

Heute bin ich gerade dabei mir im Wohnzimmer einen herunterzuholen, als ich höre: »Für so was hast du ein Zimmer, weißt du ... ?« Meine Mutter löste gerade im Zimmer nebenan ein Kreuzworträtsel. SL

Heute komme ich mit den Händen voller Tüten vom Einkaufen. Ich drehe mich also und öffne die Tür zur Eingangshalle mit dem Ellenbogen. Erst drinnen bemerke ich das Schild »Frisch gestrichen«. Grün steht mir gar nicht so schlecht. SL

Heute hat mein Freund nach sechs Monaten mit mir Schluss gemacht. »Du warst nur eine leicht zu vögelnde Muschi.« Per SMS.
Elegant. Subtil. Danke. SL

Heute war ein herrlicher Tag, und ich bin zum Angeln gefahren.
Genau an diesem Tag hat ein Lokalsender beschlossen, eine
Reportage über die Natur zu drehen. Meinem Chef zufolge komme
ich im Fernsehen sehr gut rüber. Mein Bier auch. Schade nur,
dass ich krankgemeldet war. SL

Heute war ich in Thailand auf einer Superparty am Strand. Ich
mache wild mit einem Wahnsinnsmädchen rum. Als ich meine
Hand unter ihren Rock schiebe, spüre ich etwas Merkwürdiges.
Ich schaue sie an, und sie sagt: »What, you prefer ladies?« SL

Heute habe ich bei einem Preisausschreiben eine Woche Urlaub
am Grand Bornand gewonnen. Ich denke mal, sie wollten mir
etwas Gutes tun. Was sie wahrscheinlich nicht wissen, ist, dass
ich am Grand Bornand wohne. SL

Heute habe ich einen von meiner Mutter selbst gebackenen Keks gegessen. Er war so lecker, dass ich auch noch die Krümel auf dem Tisch auflas. Ein Krümel war nicht so knusprig wie die anderen. Ich habe ihn wieder ausgespuckt, es war eine tote Fliege. SL

Heute hat meine Katze auf dem Dach meines Autos Pipi gemacht. Es ist ins Lüftungssystem geflossen. Sobald ich losfahre, startet die Belüftung – es kommt einem chemischen Angriff gleich. SL

Heute hatte ich einen Termin bei meinem Kieferorthopäden. Um mich für die langen und schmerzhaften Stunden zu rächen, die er mich hat erleiden lassen, habe ich unmittelbar vor dem Termin ein Thunfischsandwich gegessen. Was ich nicht wusste: Heute behandelt mich die neue, supersüße Praktikantin. SL

Heute hat eine Kuh beschlossen, ihrem Leben ein Ende zu setzen. Leider hat sie sich ausgerechnet für meinen Zug entschieden, um ins Paradies der Kühe zu kommen. Ergebnis: Ich bin eine Stunde zu spät und habe das wichtigste Vorstellungsgespräch meiner Karriere verpasst. SL

Heute war die Beerdigung von Louis, einem Freund der Familie, der ertrunken ist. Wir folgen alle traurig dem Leichenwagen. Dann hält der Trauerzug an, um einen Lieferwagen mit der Aufschrift »Louis, der Profi in Sachen Wasserabdichtung« vorbeizulassen. Ich konnte einen nervösen Lachanfall nicht unterdrücken. Alle denken, ich hätte ein Herz aus Stein. SL

Heute laufe ich auf der Straße hinter einem reizenden jungen Mädchen her und fange an zu rennen. Zu meiner Überraschung sie auch. Dann höre ich sie um Hilfe schreien und ein Auto anhalten. Ich wollte eigentlich nur meinen Bus noch kriegen. SL

Heute erhalte ich eine Nachricht auf meinem Anrufbeantworter: Es ist mein zukünftiger Chef, der mir vorschlägt, am Tag nach meinem Probetag zur Vertragsunterzeichnung zu kommen. Der Probetag war vor drei Wochen. SL

Heute kam ich betrunken nach Hause. Um meine Freundin nicht aufzuwecken, die schon schlief, zog ich mich im Dunkeln aus und sprang über sie drüber (da sie normalerweise auf der anderen Seite des Bettes schläft). Weil ich nicht da war, hatte sie meinen Platz eingenommen, und ich bin mit aller Wucht auf sie draufgefallen. SL

»Wie, ›kleine_schlampe75‹
hat nichts mit dir zu tun?!«

Heute, oder vielmehr vor ein paar Monaten, habe ich meine Handynummer gewechselt, um nicht für alle erreichbar zu sein und meine Ruhe zu haben. Der Anbieter hat mir die alte Nummer von Jean-Charles gegeben, einem Homosexuellen, der auf sämtlichen SMS-Kennenlern-Sites angemeldet ist. SL

Heute komme ich von der Arbeit und finde mein Auto zerkratzt, mit zerstochenen Reifen und kaputter Windschutzscheibe vor. Auf dem aufgeschlitzten Fahrersitz liegt ein Zettel, auf dem steht: »Für das, was du Julia angetan hast, du Dreckskerl.« Ich kenne keine Julia. SL

Heute superwichtige Besprechung mit einem hohen Tier der Firma. Er fragt mich nach meiner Meinung, ich antworte (glänzend), drehe mich zu meinem Vorgesetzten um (der Thierry heißt) und frage ihn: »Was hältst du davon, chéri?« Es war nur ein Versprecher, aber zu spät – es brodelt bereits in der Gerüchteküche... SL

Heute komme ich zu spät zur Schule. Etwas schüchtern klopfe ich an die Tür meines Klassenzimmers, murmele ein kurzes »Morgen!« und setze mich mit gesenktem Kopf schnell an meinen Platz. Ich hole meine Sachen heraus, und plötzlich bemerke ich die Grabesstille um mich herum. Falsches Klassenzimmer. SL

Heute ist mein Geburtstag. Ich bekomme ein Päckchen von meiner Freundin und sage beim Auspacken zum Spaß: »Ich hoffe, es ist keine Krawatte!« Es war eine Krawatte. SL

Heute habe ich mir einen MP3-Player gekauft. Abends höre ich glücklich im Bett Musik und esse dabei eine Schale Müsli mit Milch. Dann stelle ich meine Schale auf dem Nachttisch ab und mache die Augen zu, bevor ich meinen MP3-Player in die Milch lege. SL

Heute nach meiner BWL-Prüfung ist mir meine Arbeit vom Tisch gefallen und zwischen den Holzfußboden und die Wand des Hörsaals gerutscht — in den abgeschlossenen und unzugänglichen Raum unter den erhöhten Sitzreihen. Kein Aufseher hat mir geglaubt, die Leitung spricht von Betrug, Angelegenheit erledigt, null Punkte. SL

Heute kam meine Freundin verkleidet zu meinem Geburtstag. Weil ich das Motto ihrer Verkleidung nicht ganz begriffen habe, habe ich sie belustigt gebeten, es mir zu erklären. Sie ist weinend gegangen. War es wirklich eine Verkleidung? SL

Heute setze ich mich in der Bahn dem Mädchen gegenüber, das ich schon seit Monaten superhübsch finde. Auf einmal fängt es im Abteil wahnsinnig zu stinken an. Als ich aufstehe, schaut das Mädchen auf meine Jeans. Ich habe mich in Erbrochenes gesetzt, als ich auf die Bahn gewartet hatte. SL

»Also das meinten
die mit
›leichtem Brennen
auf der Haut ...‹«

Heute beschließe ich ENDLICH mir die Bikinizone zu enthaaren.
Ich bepinsele mich mit Enthaarungscreme, warte 15 Minuten
und stell mich unter die Dusche, um mir die Creme abzuspülen.
Als ich nackt unter dem Duschkopf stehe, den Spatel in der Hand,
muss ich feststellen, dass das Wasser abgedreht ist. SL

Heute hatte ein Bauarbeiter neben unserer Kantine ein dringendes Bedürfnis. Weil er nicht wusste, dass die Scheiben nur von außen getönt sind, zog er seine Hose herunter und erleichterte sich gegen die Fensterscheibe. Es war gerade Stoßzeit, und 350 Menschen, die er nicht sah, lachten sich kaputt. SL für ihn.

Heute hatte ich nur von 8 Uhr bis 8 Uhr 40 Unterricht. Alle beneideten mich darum, den freien Tag zu genießen. Ich sah mich schon am PC, an der Gitarre… Aber ich hatte meinen Schlüssel vergessen und konnte vor 16 Uhr nicht nach Hause. SL

Heute auf einer Party starrt ein hübsches Mädchen plötzlich nachdrücklich auf meinen Schritt und sagt lächelnd: »Da drunter brennt was.« Ich lache mit doppeldeutiger Miene, aber sie lässt nicht locker. Bis ich merkte, dass Zigarettenglut meine Hose in Brand gesetzt hatte. SL

Heute erste Unterrichtsstunde, meine Schüler brüllen durcheinander. Hilflos schreie ich: »Hört ihr jetzt mal auf, euch wie Ferkel zu benehmen!?« Zu meinem großen Erstaunen setzt sofort allgemeines Schweigen ein, und dumpfe Blicke werden ausgetauscht. Da fragt der Kühnste: »Was ist ein Ferkel?« Ich: »Ein kleines Schwein.« Alle lachen, außer der kleine B. Verkel. SL

Heute komme ich aus dem Kino und höre meine Schwester hinter mir kichern. Ich drehe mich um und merke, dass die Leute hinter uns alle ihre Augen auf meinen Po gerichtet haben. Mir klebte der Tragegriff eines Sixpacks Mineralwasser am Hintern, auf dem stand: »Leichte Öffnung.« SL

Heute gehe ich beschwingt zur Arbeit. Auf dem Bürgersteig ein riesiger Hundehaufen. Munter springe ich darüber. Bei der Landung rutsche ich auf einem zweiten Hundehaufen aus und lande mit dem Hintern schön in dem so sorgfältig vermiedenen ersten Hundehaufen. SL

Heute erstes Essen mit meinen Schwiegereltern. Auf dem Hinweg überfahre ich einen Hasen. Bei meiner Ankunft präsentiere ich stolz meine Trophäe. Meine Schwiegereltern brechen in Tränen aus: Es war »Coquin«, ihr Hase, der ausgerissen war. SL

EINE RUNDE MITLEID

Gut, es gibt ja nun auch wirklich schwere Fälle von Opfern des Alltags. Die gute Nachricht ist, dass sie sich mit ihren Beiträgen für SL den Therapeuten sparen. Doch manchmal fragt man sich schon, ob man ihnen nicht mit einem ordentlichen Tritt in den Hintern mehr helfen würde als mit einer Runde Mitleid …

Heute war der Einzige, der mir zum Geburtstag gratuliert hat, amazon.de. SL

Heute beginne ich mein 28. Lebensjahr mit 28 Cent auf meinem Bankkonto. SL

Heute habe ich versucht zwei Mädchen anzugraben und fragte sie nach der Uhrzeit. Sie sind in schallendes Gelächter ausgebrochen. SL

Heute trug ich im Bus einen Kampf im Daueranstarren mit einem 4-jährigen kleinen Mädchen im Buggy aus. Ich habe verloren. SL

Heute Klausur. Der Prüfungsbogen war BEIDseitig bedruckt. SL

Heute habe ich im Lotto gewonnen. Aber es war eine Wiederholungssendung. SL

Heute habe ich erfahren, dass dem chinesischen Horoskop nach die erste Neujahrswoche das Schicksal des ganzen Jahres bestimmt. Genau da habe ich einen Termin beim Psychiater. SL

Heute sind es genau drei Monate, die ich hinter einer Tussi her bin, die weiß, was ich für sie empfinde, mich sicher auch liebt, aber Angst hat, sich festzulegen und mir darüber hinaus gesagt hat, ich fehle ihr ... Ich werde ihr weiter hinterherrennen, weil ich verliebt bin und ein bisschen blöd. SL

Heute bin ich um 8 Uhr aufgestanden und habe nicht geduscht, um sicher zu sein, dass ich den Briefträger höre. Er ist nie gekommen. Ich stinke. SL

Heute hat mich meine Freundin wegen eines Typen verlassen, den sie auf World of Warcraft kennen gelernt hat. SL

Heute sagte meine Freundin zu mir: »Ich liebe dich ... aber ich verlasse dich.« SL

Heute habe ich eine Mail an einen Typen geschrieben, in der ich ihm gestand, dass ich ihn heimlich liebe und er der einzige Mann ist, den ich seit zwei Jahren geliebt habe. Als Antwort hat er meine Rechtschreibfehler korrigiert (vier Fehler auf zwei Seiten). SL

Heute habe ich mir den Daumen ins Ohr gesteckt und hatte danach wahnsinnige Schmerzen. SL

Heute saß ich so lange im Schneidersitz vor meinem Computer, dass ich, als das Telefon klingelte und ich schnell aufstehen wollte, mir wegen meiner eingeschlafenen Beine den Knöchel verstaucht habe. SL

Heute hat mir mein Geliebter endlich verkündet, dass er seine Freundin verlässt! Allerdings nicht für mich. SL

Heute kam ich betrunken von einer Party und pinkelte auf ein Auto. Es war das Auto meines Vaters, der gekommen war, um mich abzuholen. Das Fenster war offen, und er schlief, während er auf mich wartete. Das hat ihn dann aufgeweckt. SL

Heute ist man in mein Tabakgeschäft eingebrochen, während ich gerade dabei war, mir im Lager einen runterzuholen. SL

Heute ist mir aufgefallen, dass mehr Mädchen mein Profil auf MySpace anschauen, seitdem ich mein Foto gelöscht habe. SL

Heute bin ich im Verlaufsprotokoll des Internet Explorers auf Schwulen-Pornoseiten gestoßen. Ich lebe alleine mit meinem Vater. SL

Heute nehme ich meinen Mut zusammen und mache einer Freundin, in die ich schon seit Monaten verliebt bin, eine Liebeserklärung. Sie antwortet: »Du bist der witzigste Typ, den ich kenne. Aber auch der hässlichste.« Dann hat sie gelacht und es schnell allen weitererzählt. SL

Heute habe ich erfahren, von wem die anonyme Rose war, die ich zum Valentinstag bekommen habe: Von meiner besten Freundin, weil ihr niemand eingefallen ist, dem sie sie hätte schicken können. SL

Heute bekam ich meine Freundin per Post. Jetzt muss ich sie nur noch aufblasen. SL

Heute schönes Wetter, Spazierfahrt mit dem Motorrad. Ich habe in meinen Helm geniest. Er war geschlossen. SL

Heute bin ich aufgewacht, nachdem ich einen erotischen Traum mit Kaiserpinguinen hatte. SL

Heute war ich nach drei Wochen Abwesenheit wieder in der Schule. Ich grüßte ein Mädchen aus meiner Stufe, und sie sagte: »Hallo, wer bist du denn?« SL

Heute bin ich nun schon seit fast einem Jahr mit meinem Freund zusammen. Seine Familie nennt mich IMMER noch beim Namen seiner Ex. SL

Heute laufe ich durch den Wald und stoße mit dem Fuß gegen etwas Hartes. Ich grabe ein bisschen, und der Gegenstand entpuppt sich als eine schöne Metallkiste, dem Gewicht nach zu urteilen mit schwerem Inhalt. Ich freue mich schon auf einen Goldschatz — und finde eine tote Katze darin. SL

Heute ruft mich meine Freundin an, wir sind nun seit einem Jahr zusammen. Sie ist betrunken, feiert mit ihren Kumpels und sagt mir lachend, dass ich es nicht bringe und sie mich verlässt. SL

Heute habe ich mir einen runtergeholt und bin dabei in Tränen ausgebrochen. SL

Heute hat mich jemand auf der Straße mit »Monsieur« ange-sprochen. Wo ich doch schon extra einen Rock trage. SL

Heute bin ich seit zwei Jahren mit meiner Freundin zusammen. Sie hat sich bei Facebook angemeldet und mich bei ihren Kontak-ten aufgenommen. In ihren persönlichen Daten steht: »Looking for a relationship.« SL

Heute, beziehungsweise morgen, sind es genau sieben Monate, in denen ich mich in meiner neuen Klasse mit niemandem an-gefreundet habe und jeden Mittag alleine in der Schulkantine esse. SL

Heute habe ich erfahren, dass einer meiner 16-jährigen Schüler der Sohn eines meiner ehemaligen Schüler ist. Ich kam mir auf einmal ganz alt vor. SL

Heute habe ich wahnsinnigen Hunger und koche alles, was ich noch an Vorräten habe: 100 g Nudeln. Ich gehe in mein Zimmer um meine bescheidene Mahlzeit zu verspeisen, als ich über das Telefonkabel stolpere und alles auf den Teppich kippe. SL

Heute werde ich noch mal das Tagebuch meiner Freundin lesen. Vor drei Tagen hat sie geschrieben, dass sie mich nicht liebt, sondern nur mit mir zusammen ist, damit ich sie entjungfere, und dass ich »nett« und daher »geeignet« bin. Ich hingegen liebe sie wirklich. SL

Heute ist mir aufgefallen, dass alle Exfreundinnen meines Freundes wirklich viel hübscher sind als ich. Aber wirklich. SL

Heute habe ich einen Typen gesehen, der in 20 Minuten das Mädchen kennen gelernt und verführt hat, das ich seit zwei Monaten anbaggere. SL

Heute habe ich zwölf Nachrichten auf meiner Mailbox. Ich bin ein bisschen stolz, so viel Freunde zu haben, und höre sie erwartungsvoll ab. Sie waren alle von meiner Mutter. SL

Heute zeigt mir mein bester Kumpel seine Sylvesterfotos: Mädchen in rauen Mengen, Alkohol in Strömen und alle meine anderen Kumpels. Sie haben immer noch nicht gecheckt, dass sie mich nicht eingeladen hatten. Wir kennen uns nun schon seit sieben Jahren. SL

Heute habe ich herausgefunden, dass die Frau, die ich seit bald zwei Jahren liebe, mir die ganze Zeit eine falsche Identität vorgespielt hat. Falscher Name, falscher Vorname, falsche Adresse. Liebe macht blind und dumm. SL

Heute komme ich wie jeden Morgen gegen 9 Uhr zur Arbeit und begegne einem Lehrer, der zu mir sagt: »Sie sind zu spät, sagen Sie mir Ihren Namen, damit ich Sie Ihrem Klassenlehrer melde.« Ich bin 23 und seit zwei Monaten Leiter der EDV-Abteilung. SL

Heute traue ich mich nicht, ein Mädchen in der Bahn anzusprechen. Als meine Station kommt, wirft sie mir ein strahlendes
Lächeln zu, und ich steige aus. Die Bahn fährt weiter, und ich steh
auf dem Gleis wie der letzte Idiot. SL

Heute habe ich in der Tasche meiner Freundin Viagra entdeckt.
Sie wollte mir ein Geschenk machen. SL

Heute hat mir meine Freundin ein Buch geschenkt: »Sex für
Nieten.« SL

Heute macht mich ein hübsches Mädchen in der Bahn an. Das ist
das erste Mal, dass mir so was passiert. Ich versuche angestrengt,
das Gespräch in Gang zu halten, und konzentriere mich auf jedes
einzelne Wort. Als die Bahn an meiner Station ankommt, steige
ich aus, ohne sie nach ihrer Nummer zu fragen. SL

Heute waren wir gegen 22 Uhr im Bois de Vincennes (heißes Pflaster) was trinken. Plötzlich tauchten drei Polizisten auf und baten mich, Abstand zu halten. Ich verstand nicht genau, was sie wollten. Sie haben nur meine Frau kontrolliert und sie schließlich mitgenommen. Mich haben sie einfach stehen gelassen. Die Polizisten hielten meine Frau für eine Nutte. SL

Heute habe ich ganz früh morgens meinen Freund dabei ertappt, wie er gerade im Dunkeln seine Tasche packte. Er wollte aus meiner Wohnung flüchten, während ich schlief. SL

Heute regnet es den ganzen Tag. Ich gehe trotzdem runter in den Hof, um eine Zigarette zu rauchen, und stelle mich neben dem Aschenbecher unter, um nicht nass zu werden. Eine heftige Windbö fegt heran, und ich bekomme 150 Zigarettenstummel mitsamt der Asche ins Gesicht. SL

Heute hatte ich einen Alptraum, in dem meine Frau mich vor meinen Augen mit einem Kumpel betrügt. Ich wache verstört auf und drehe mich zu ihr, um mich zu beruhigen. Dann fällt mir wieder ein, dass sie mich vor zwei Wochen verlassen hat. SL

Heute wie seit eh und je lautet mein Vorname Childéric. SL

Heute, oder vielmehr gestern, hab ich einem ziemlich hübschen Mädchen einen Drink spendiert. Und dann im Laufe des Abends noch einige mehr. Als ich gemerkt habe, dass mit ihr nichts läuft, bin ich nach Hause gegangen. Heute habe ich erfahren, dass sie sich danach vor allen ausgezogen hat. SL

Heute baggert mich endlich der Typ an, von dem ich seit zwei Jahren träume, und will bei mir übernachten. Ich bin seit Monaten Single und daher nicht epiliert. Also bleibt mir nichts anderes übrig, als ihm nach dem Motto »wir bleiben Freunde« die Couch im Wohnzimmer anzubieten. SL

Heute, oder vielmehr gestern Abend, hatten ein Kumpel und ich vereinbart, dass ich endlich mit dem Mädchen zusammenkommen würde, hinter dem ich schon seit fünf Monaten her bin. Im Laufe des Abends, während ich sie anbaggere, kreuzt er auf, nimmt sie in den Arm und knutscht heftig mit ihr. Und sie sagt zu mir: »Er bumst wie ein Gott.« SL

Heute hat mich mein Mathelehrer gefragt, wie ich heiße und ob ich neu sei. Ich besuche nun schon seit sechs Monaten seinen Unterricht. SL

Heute habe ich herausgefunden, dass man mich seit Anfang des Jahres in meiner Klasse E.T. nennt. Davor habe ich mich jedes Mal, wenn jemand E.T. rief, kaputtgelacht. SL

Heute komme ich aus einem Geschäft und begegne einem Paar, das auf den Eingang zugeht. Der Typ sagt zu seiner Freundin: »Warum bringst du mich hierher? Willst du, dass ich mich so scheiße anziehe wie der da?«, und zeigt dabei mit dem Finger auf mich. Sie antwortet: »Nein, ganz so schlimm nun auch nicht!« SL

Heute habe ich Geburtstag. Das hübscheste Mädchen der Klasse, das mir wahnsinnig gefällt, kam heute auf mich zu, um mir alles Gute zu wünschen. Mir ist nichts Besseres eingefallen als ein gestottertes »Du auch …« Ich hab mich zum letzten Idioten gemacht. SL

Heute musste ich mich übergeben, nachdem ich die Zahnbürste zu weit hinter die Backenzähne gestoßen habe. Der Tag fängt ja gut an. SL

Heute habe ich den Tag damit verbracht, auf MySpace falsche Freunde zu finden. SL

Heute, wie schon seit 20 Jahren, kann sich meine Großmutter, die an keinerlei Gedächtnisproblem leidet, nicht an meinen Vornamen erinnern. Ist nicht schlimm, Oma... SL

Heute ist der Morgen nach einer feuchtfröhlichen Party. Soweit ich mich erinnern kann, bin ich letzte Nacht in guter Gesellschaft nach Hause gekommen. Als ich aufwache, ist das Mädchen verschwunden und mein Laptop auch. Sie hat mir eine Nachricht hinterlassen: »Danke für alles.« SL

Heute Anfall von Katzenjammer, und ich fange an, mich bei Meetic anzumelden. Dieses Mal bin ich wirklich motiviert, bereit, mich neuen Leuten zu öffnen. Ich gelange bei der Frage nach den Hobbys an, und ich kreuze an... kreuze an... kreuze an. Meine Liste war: Fernsehen, Informatik, Internet. SL

Heute habe ich meine Ex, mit der ich drei Jahre zusammen war, gefragt, wie ihre erste Singlewoche verlaufen ist. Sie hat mir geantwortet, sie sei kein Single. SL

Heute haben mich meine Eltern Ostereier im Garten suchen lassen. Ich bin 17. SL

Heute habe ich Geburtstag. Meine Liebste verkündet mir, dass sie mir etwas zu sagen hat, und ich rechne mit einem »Herzlichen Glückwunsch« oder so was. Es war »Ich habe dich betrogen«. SL

Heute wollte ich beim SMS-Schreiben ein Mars essen. Ich habe in mein Handy gebissen. SL

Heute, bzw. heute Abend, wollte ich mir ohne Brille die Augenbrauen zupfen. Ergebnis: ein riesiges Loch in meiner linken Augenbraue. Ich sehe aus wie der Schauspieler Sami Naceri. Wachsen Augenbrauen schnell nach? SL

Heute habe ich gesehen, dass meine Kondome abgelaufen sind. Das sagt viel über meine sexuelle Aktivität aus. SL

Heute, eher vor ein paar Jahren, hat meine Freundin per Telefon mit mir Schluss gemacht. Zehn Minuten später bekam ich eine SMS von ihr: »Alles O.K., ich habe ihn abserviert, diese Nervensäge. Sehen wir uns heute Abend?« SL

Heute bereue ich es, meiner Ex angeboten zu haben, weiterhin in meiner Wohnung wohnen zu bleiben, bis sie etwas anderes gefunden hat. Ich hätte niemals gedacht, dass sie derartig viele Typen abschleppen würde. Das Schlimmste ist, dass da auch Freunde von mir dabei sind. SL

Meine Frau hat mir heute gestanden, dass sie noch nie einen Orgasmus mit mir hatte. Wir sind gerade mal 17 Jahre verheiratet. SL

Heute verkündet mir mein Freund, dass er in den Priesterorden eintritt. Ich bin 26, und wir sind seit vier Jahren zusammen. SL

Heute gehe ich beim Bäcker vorbei, und die Verkäuferin sagt mir, sie habe meine Freundin Arm in Arm mit ihrem Bruder vorbeilaufen gesehen. Sie hat gar keinen Bruder. SL

Heute regnet es. Diesmal habe ich ausnahmsweise meinen Schirm nicht zu Hause vergessen. Ich habe ihn in der Bahn liegen lassen. SL

Heute habe ich mich daran erinnert, dass ich am Tag der Philo-
sophieprüfung beim Abi so aufgeregt war, dass ich nach zwei
Minuten Durchfall bekam. Ich bitte den Aufseher, aufs Klo gehen
zu dürfen. Er antwortet: »Kein Ausgang während der ersten
Stunde.« Ich muss also vor allen sagen, dass ich mir in die Hose
geschissen habe. Er erwidert: »Keine Ausnahme.« SL

Heute bin ich Zigaretten kaufen gegangen. Der Tabakhändler
sagte, er dürfe keine Zigaretten an Unter-16-jährige verkaufen
und verlangte nach meinem Ausweis. Vielleicht klappt es ja
nächsten Monat besser. Dann bin ich 21. SL

Heute habe ich entdeckt, wie man herausfindet, wer einen auf
MSN blockiert. Bei mir war es meine Freundin. SL

Heute hat mich meine 5-jährige Cousine gebeten, das Spielzeug
aus ihrem Überraschungsei zusammenzubauen. Ich habe es nicht
geschafft. SL

Heute sagt eine Freundin, der ständig die fiesesten Sachen passieren, zu mir: »Es tut gut, sich mit dir zu unterhalten, dann bekomme ich immer den Eindruck, dass mein Leben doch gar nicht so dramatisch ist.« SL

Heute ist meine Waage kaputtgegangen, als ich daraufgestiegen bin. SL

Heute stehe ich in einem Hörsaal an der Tafel, als ein Typ von der Verwaltung reinkommt und mir zuruft: »Hey, wenn dein Prof zurück ist, kannst du ihm sagen, er soll mal bei uns vorbeikommen?« Ich bin der Prof. SL

Heute habe ich zum ersten Mal in meinem Leben die Gelegenheit, meine Arbeit vor 150 Wissenschaftlern auf einem Kongress vorzustellen. Ich habe ausgiebig geprobt, um jegliches Blackout zu vermeiden. Doch dann bin ich so aufgeregt, dass ich mitten in meiner Rede in Ohnmacht falle.SL

Heute studiere ich wie jeden Tag Tiermedizin, und meine Übung besteht darin, einem Schwein für eine Besamung einen runterzuholen. Ich bin 19 und habe noch nie einen Jungen berührt. SL

Heute, wie so oft in den letzten Jahren, unterhält sich meine Frau mit ihrer Schwester in ihrer Muttersprache und erzählt ihr in den kleinsten Details, was für ein furchtbarer Ehemann ich bin. Was sie nicht weiß, ist, dass ich nach all den Jahren, die wir nun zusammen sind, diese Sprache inzwischen verstehe. SL

Heute hat ein Mädchen, auf das ich stehe, seinen Terminkalender im Hörsaal liegen lassen. Ich nehme ihn mit, um ihn ihr später zurückzugeben. Allerdings kann ich mir nicht verkneifen, ein bisschen darin herumzublättern, und finde eine Dumpfbacken-Hitliste, die sie aufgestellt hat. Meine Freunde und ich rangieren auf den besten Plätzen. Dabei dachte ich wirklich, ich würde ihr gefallen. SL

Heute bin ich 21 und gehe zur Uni. Meine Mutter besteht immer noch darauf, meine Hausaufgaben zu kontrollieren. SL

Heute sehe ich ein superhübsches Mädchen auf der Straße. Ich nehme all meinen Mut zusammen und spreche sie an. Nachdem ich ihr gesagt habe, dass ich sie hübsch finde, lächelt sie und wühlt in ihrer Tasche. Sie hat mir ein Zehn-Cent-Stück hingeworfen. SL

Heute habe ich um die Hand meiner Freundin angehalten. Der Juwelier gibt mir für den Ring nur den halben Preis zurück. SL

Heute sagte mir meine Freundin, dass ich einen größeren Busen hätte als sie. SL

Heute laufe ich die Straße entlang, als ein hübsches junges Mädchen mich nach meiner Nummer fragt. Überrascht aber ge-schmeichelt gebe ich sie ihr. Dann ruft sie ihrer Freundin zu: »Siehst du, jetzt hab ich auch die Nummer von einem hässlichen Typen in meinem Handy, ist doch gar nicht so schlimm.« SL

Heute, auf dem Weg zu meinem Klassenzimmer, fragt mich das Hot-Chick meiner Klasse, was ich um 14 Uhr mache. Ich antworte ihr, dass ich in die Bibliothek gehe. Leider sprach sie mit meinem Kumpel direkt hinter mir. SL

Heute hat mir mein Arzt verkündet, dass ich tatsächlich impotent bin. Ich habe eine Freundin, und wir haben noch nicht miteinander geschlafen, sie weiß es also noch nicht. Ich werde es ihr früher oder später sagen müssen. SL

Heute kommt mein Vater von der Arbeit und sagt zu mir: »Ich habe heute deinen Klon auf der Straße gesehen; derselbe Pennergang, nur dass er geraucht hat und weniger daneben wirkte als du.« Dieser Klon war ich. Mein Vater hat mich nicht wiedererkannt. SL

Heute hatte ich das Glück, mit einem Mädchen zu schlafen, das ich gerne mein nennen würde, am liebsten für immer. Die letzten beiden Wochen mit ihr waren einfach unvergesslich, wir sind wie füreinander gemacht. Ihr Freund kommt in drei Tagen zurück. SL

Heute hat man zum dritten Mal dieses Jahr mein Auto aufgebrochen. Beim ersten Mal haben sie meine Radarantenne mitgenommen, beim zweiten Mal die Birne meiner Innenleuchte, beim dritten Mal: nichts, nicht einmal eine CD. Ich schließe daraus, dass ich anscheinend einen ziemlich beschissenen Musikgeschmack habe. SL

Heute habe ich ein paar Leute für morgen Abend per SMS eingeladen. Bis jetzt hat mir nur eine einzige Person geantwortet, um mich zu fragen, wer ich bin, und als ich es ihr gesagt habe, hat sie nicht mehr geantwortet. Superabend in Aussicht. SL

Heute hat mein Nabaztag (kommunizierendes, elektronisches Kaninchen, das über WiFi mit dem Internet verbunden ist) zu mir gesagt: »Du musst ja ganz schön einsam sein, dass du den Tag mit einem Hasen verbringst.« SL

Heute verkünde ich meiner Ernährungsberaterin stolz, dass ich ein Kilo abgenommen habe. Sie notiert etwas auf ihrem Block und geht kurz aus dem Raum. Ich schaue nach, was sie geschrieben hat. Neben meinem Namen steht: »ENDLICH!« SL

Heute bin ich im Meer geschwommen, und als eine große Welle kam, ist meine Badehose runtergerutscht und verschwunden. Ich musste warten, bis der Strand menschenleer war (nach 23 Uhr), um nach Hause gehen zu können. SL

Heute langweile ich mich dermaßen, dass ich angefangen habe, meinen Barbies eine persönliche Note zu verleihen. Ich habe der ersten die Haare blau gefärbt und der zweiten Dreadlocks verpasst. Das Nachmittagsprogramm? Ihnen Kleider anfertigen natürlich. Ich bin 23, habe keine Freunde und langweile mich. SL

Heute hatte ich Geburtstag, und meine Freundin ist mit vier Stunden Verspätung aufgekreuzt. Ihre Entschuldigung: »Sorry, ich habe World of Warcraft gespielt und dich total vergessen.« Das Geschenk hat sie zu Hause liegen gelassen. SL

Heute habe ich meinen Freund zum ersten Mal weinen gesehen. Wir sind seit sechs Jahren zusammen, und wie alle Paare haben wir Höhen und Tiefen durchgemacht: Ich bin fremdgegangen, unsere Tochter ist schwer krank geworden — aber nie hat er geweint. Er ist so traurig, weil Paris Saint-Germain in die 2. Liga abgestiegen ist. SL

Heute bekomme ich einen Anruf von meiner Mutter, die mich fragt, ob ich ihr einen Pornofilm brenne, damit sie ihn sich heute Abend mit meinem Stiefvater anschauen kann. SL

Heute bin ich hingefallen und in der Notaufnahme gelandet. Dort kümmert sich ein Arzt um mich, den ich von früher kenne, weil wir vor 25 Jahren zusammen auf der Schule waren. Als ich ihn frage, ob er sich an mich erinnert, antwortet er: »Nicht wirklich, welches Fach haben Sie denn unterrichtet?« SL

Heute wurde ich gefeuert. Mein Chef war mein Vater. SL

Heute kam meine 14-jährige kleine Schwester zu mir und fragte, was ich beim ersten Mal empfunden hätte. Ich habe ihr gesagt, das sei persönlich und ginge sie nichts an. Daraufhin sagte sie: »Also, ich fand's angenehm!« Ich bin 19 und immer noch »Jungmann«. SL

Heute habe ich gemerkt, dass die Spiegel in der Schule, vor denen ich mir ab und zu Mitesser ausgedrückt habe, nur von einer Seite verspiegelt sind. Auf der anderen Seite sind es Fenster, durch die jeder im Flur mich sehen konnte. SL

»Hasch mich,
ich bin
der Frühling!«

Heute wurde ich im Supermarkt von einer kleinen alten Dame angegraben. Sie hat mich mit einem eindeutig zweideutigen Blick nach meiner Handynummer gefragt. Ich bin 33, und das war das erste Mal in meinem Leben, dass mich eine Frau angesprochen hat. SL

Heute unterhalte ich mich mit jemandem über mein Leben und meine persönlichen Probleme. Nach fünf Minuten muss mein Gegenüber dagegen ankämpfen, dass ihm die Augen zufallen, kurz danach schläft er ein … Dieser Jemand ist mein Therapeut, und ich habe ihm für seinen Mittagsschlaf 55 € gezahlt. SL

Heute hat unser Betriebsrat eine kleine Feier organisiert. Die Stimmung war super, und ich hab mich prächtig amüsiert. Da höre ich meinen Chef hinter meinem Rücken: »Wenn er nur mal so viel Energie in seine Arbeit stecken würde.« SL

Heute habe ich einen neuen CD-Player gekauft, weil der alte nicht mehr ging. Erst als ich den alten wegräumte, um den neuen anzuschließen, habe ich gesehen, dass er hinten einen Schalter hat. Er stand auf »off«. SL

Heute kommt ein Kollege auf mich zu und sagt mir, dass er jetzt endlich was mit der Tussi vom Empfang hat. Ach, der auch? SL

Heute wollte ich meinen Hund streicheln, der auf meinem Bett lag. Kaum komme ich näher, steht er auf, verdrückt sich in die letzte Zimmerecke, legt sich wieder hin und seufzt. Ich gehe also wieder zurück an meinen Computer, da steht er auf und geht wieder zurück an seinen alten Platz. SL

Heute, nach zwei Wochen Internetflirt mit einem sympathischen Mädchen, beschließen sie und ich, uns im Kreise von ein paar Freunden das erste Mal zu treffen. Ich nehme meinen Mitbewohner mit. Am Ende des Abends gehe ich allein nach Hause und mein Mitbewohner mit dem Mädchen. SL

Heute bringe ich meiner Freundin einen Blumenstrauß und Kuchen mit. Sie schaut mich spöttisch an und sagt: »Pech für dich – ich habe meine Tage.« SL

Heute war ich ganz alleine in der Mensa essen. Ich hab heute Geburtstag. SL

Heute bin ich 45 geworden und immer noch »Jungmann«. SL

Heute tröste ich eine Freundin, in die ich seit mindestens sechs Monaten heimlich verliebt bin, und die von den Männern enttäuscht ist. Als Dankeschön sagt sie: »Wahrscheinlich sollte ich mit dir zusammen sein, hahaha!« Hahaha. SL

SIE MACHEN UNS FERTIG

*Wenn die Schuld bei einem Zyniker, Verräter oder einem
sonstigen Bösewicht liegt, hört der Spaß auf (obwohl, hier nicht).
Manche sind eben das personifizierte Böse, aber die Aller-
schlimmsten sind die, die es »fast« nicht absichtlich gemacht
haben und »eigentlich« gar nicht so meinen.*

Heute war ich auf die Minute pünktlich für den Zug um 19 Uhr 30. Der ausgefallen ist. SL

Heute war ich mit einem Mädchen im Kino, das mir schon seit Monaten gefällt. Nach der Werbung sagte sie, sie ginge noch kurz auf die Toilette. Sie ist nicht mehr zurückgekommen… SL

Heute habe ich herausgefunden, dass meine Freundin die Pille nicht mehr nimmt. Seit drei Monaten. SL

Heute hat einer meiner Kollegen eine Rundmail verschickt, bevor er die Firma verließ. Er gibt darin klar zu verstehen, dass er schwul ist und dank einer »Widmung«, die er an mich gerichtet hat, scheint es so, als wäre ich es auch. Was überhaupt nicht der Fall ist. SL

Heute hat es mich so genervt, dass mein koreanischer Mitbewohner sein Geschirr nie abspült und den Ausguss damit zustellt, dass ich aus lauter Wut ein Dutzend seiner Essstäbchen zerbrochen und aus dem Fenster geschmissen habe. SL

Heute war ich beim Frisör. Ich sehe jetzt aus wie eine Tunte. SL

Heute habe ich bei ebay das Foto eines Handys gekauft, weil ich gedacht hatte, es wäre ein echtes ... 75 € für ein Foto, das tut weh. SL

Heute war ich bei der Stadtverwaltung, um eine Rechnung zu begleichen. Der Buchhalter fragt mich, während er meine Rechnung einkassiert, ob ich nicht mal für ihn in Unterwäsche Modell sitzen wolle. »Nur so amateurmäßig, für meinen Privatgebrauch. Und ich bezahle natürlich!« SL

Heute wollte ich meinem Freund verkünden, dass ich schwanger bin. Kurz vor unserer Verabredung kreuzt meine beste Freundin tränenüberströmt bei mir auf, um mir zu sagen, dass sie seit zwei Monaten mit ihm schläft. SL

»Ich könnte ja
Patentante werden ... ?!«

Heute habe ich mich blamiert, als ich es nicht geschafft habe, an einem Automaten Kondome zu ziehen. Ein Passant musste mir helfen, wobei er sich nicht verkneifen konnte, mir nebenbei ein fieses Lächeln voller Andeutungen zuzuwerfen. SL

Heute schicke ich meiner Herzensdame eine leidenschaftliche SMS. Die Antwort: »nerv mich nicht, pls«. Weibliche Geeks sind definitiv das personifizierte Böse. SL

Heute habe ich meine Freundin gefragt, wie sie sich ihr Leben in zehn Jahren vorstellt. Sie antwortete kühl: »Keine Ahnung. Aber auf jeden Fall ohne dich.« SL

Heute, oder vielmehr gestern Abend, habe ich ein paar Arbeits-kollegen zu einer kleinen Party bei mir eingeladen. Ich habe daher meine Mutter gefragt, ob sie mir ein paar Sachen einkaufen kann. Sie hat mir Mickey-Mouse-Plastikbecher und Aladdin-Servietten besorgt. Ich bin 35. SL

Heute habe ich erfahren, dass ich ein Aufreißer, Vergewaltiger und Psychopath bin, und mir meine Exfreundin zu diesem guten Ruf verholfen hat. SL

Heute sagte meine Chefin zu mir: »Wissen Sie, unsere Konkurrenten stellen auch ein.« SL

Heute kam ich ganz stolz in meinem neuen Regenmantel ins Büro. Meine blöden Kollegen haben mich Columbo genannt. Meine ganz blöden Inspector Gadget. Scheißfirma. SL

Heute bin ich mit meinem kleinen Hund Gassi gegangen. Klein – das ist sehr euphemistisch, wenn man sich den Scheißhaufen ansieht, den er vor den Füßen eines bildhübschen Mädchens hat fallen lassen, dem ich schon seit einiger Zeit hinterherlaufe. Das Gespräch war kurz. SL

Heute, oder vielmehr gestern, hatte ich was mit einem Mädchen, wir waren beide ziemlich betrunken. Sie hat angefangen, mir die Hose auszuziehen und meinen Schritt abzufühlen (ich hatte eine solide Erektion). Sie schaut mich an und meint: »Hast du etwa einen Steifen? Haha!« HAHA. SL

Heute habe ich meine Schwester dabei erwischt, wie sie mit meinem Typen im Bett meiner Mutter bumst. SL

Heute hat mein 8½-jähriger Cousin meinen Vibrator im Wohnzimmer gefunden. Abends im Restaurant fiel ihm nichts Besseres ein, als der ganzen Familie zu erzählen, ich hätte überall in meiner Wohnung »Plastikpimmel« rumliegen, »die Geräusche machen«. SL

Heute fahre ich mit dem Firmenlieferwagen (mit dem Firmenlogo drauf). Ich will meine Ausfahrt nehmen, da hindert mich eine Frau am Einscheren, indem sie Gas gibt, und ich bin gezwungen zu bremsen, um herauszufahren. Ich fahre mit Fernlicht hinter ihr her. Als ich zurückkomme, werde ich zum Boss gerufen. Es war seine Frau. SL

Heute verkündet eine Arbeitskollegin, dass sie eine kleine Feier organisiert. Sie sagt vor allen Kollegen, dass ich nicht eingeladen bin, damit ich nicht die Stimmung vermiese. SL

Heute fahren meine Liebste und ich nach Hause. In der Fußgängerzone wären wir fast von einem Peugeot 306 überfahren worden, der eine Kurve sehr scharf nahm. Sie brüllt: »Und was ist mit dem Blinker, du Vollidiot?« Der Wagen hält, die Passagiere steigen aus – es war die Zivilpolizei. Letztlich hatten sie es dann doch nicht so eilig. SL

Heute schaut mir meine Tochter (fünf Jahre) im Bad beim Anziehen zu und fragt: »Sag mal, Mama, wenn meine Brüste wachsen, hängen sie dann auch so runter wie deine?« SL

Heute, als ich zu meinem Auto gehe, ist ein Müllmann gerade dabei, es mit seinem Dampfreiniger abzuspritzen. Es sind null Grad draußen, die Scheiben meines Autos vereisen sofort, und ich habe nichts zum Kratzen. SL

Heute wollte meine kleine Cousine Kaugummis, und ich bin mit ihr in den Supermarkt gegangen. Ich sehe ein Regal voll mit bunten Päckchen und bitte sie, sich zwei auszusuchen. An der Kasse fällt mir auf, dass es Kondome sind. SL

Heute wurde ich auf der Post in der Warteschlange von einem Alten überholt, der meinte, er gehöre zu einer Person weiter vorne. Natürlich gehörte er zu niemandem. Er ist zum Schalter gegangen und hat sich dabei kaputtgelacht. SL

Heute wollte ich meinem Mann eine Freude machen und habe Strapse und Netzstrümpfe angezogen. Er sagte mir, ich sehe aus wie ein mit Bindfaden umwickelter Schweinebraten. SL

Heute kam ein Typ in meinen Laden, um für seine Freundin Klamotten zu kaufen. Er sagte zu mir: »Sie hat Größe 44, genau wie Sie!« Ich habe Größe 38. SL

Heute hat mich mein Chef gefragt: »Darf ich eine kleine konstruktive Kritik abgeben?« Ich sage ja. Daraufhin sagt er: »Was du machst, ist echt scheiße. Du hast überhaupt kein Talent, und ich verstehe wirklich nicht, warum ich dich eingestellt habe.« SL

Heute habe ich Geburtstag, und meine reizende Stiefmutter hat mir eine Pinzette geschenkt. SL

Heute bittet mich ein Penner um einen Euro und zeigt dabei auf ein Schild, auf dem steht, er sei stumm. Ich gebe ihm ein Geldstück, und er sagt: »Verdammte Scheiße, danke!« SL

Heute hat meine Mutter vor der ganzen Familie erzählt, dass ich, als ich klein war, mit meinem Teddybären »geübt« hätte, und sie sich fragt, ob ich das immer noch mache. SL

Heute haben sich meine Mitbewohner coole Spitznamen gegeben (Mimi, Tchou, ...). Mich haben sie »Großer Spatz« getauft. SL

Heute war ich auf dem Markt, um Spargel zu kaufen. Der Verkäufer fragte mich mit einem spöttischen Lächeln, ob ich lieber großen oder kleinen wolle, und ich sagte: »Der kleine ist besser, danke!« Allgemeine Heiterkeit bei den Markthändlern: »Das Fräulein mag ihn lieber klein!« SL

Heute war ich zum Essen bei einer Freundin eingeladen. Ihr 5-jähriger Sohn sitzt bei uns am Tisch und sagt leise zu mir: »Du bist hässlich!« Als meine Freundin aus der Küche zurückkommt, erzähle ich es ihr. Sie schimpft kurz mit ihm, da fängt der Kleine an zu weinen und brüllt: »Aber sie ist doch nicht schön!!!« SL

Heute an der roten Ampel kommt ein Alter auf einem Mofa auf der Höhe meiner Wagentür zum Stehen. Unsere Blicke kreuzen sich, er mustert mich eine Weile. Dann wird die Ampel grün, und er startet. Dabei brüllt er blasiert: »Und für solche jungen Trottel waren wir im Krieg!« SL

Heute hat sich ein Mädchen mein Handy ausgeliehen. Als ich abends nach Hause kam, haben meine Eltern Stress gemacht: »Was ist denn das bitte für eine Mailbox?« Das Mädchen hat an meiner Mailbox rumgespielt und dabei einen Orgasmus simuliert. SL

Heute hat man mich während der Mittagspause in der Firmenkantine gebeten, an meinem Püree zu riechen. Ergebnis: Ich hatte das Gesicht voller Kartoffelpüree. Ich bin 35. SL

Heute ruft mich nach mehreren Jahren Funkstille ein alter Bekannter an. Er möchte mich unbedingt so schnell wie möglich treffen und lädt mich ein, am Nachmittag bei ihm vorbeizukommen. Ich habe den Nachmittag damit verbracht, ihm seinen Computer zu reparieren. Seitdem: Funkstille. SL

Heute, oder vielmehr gestern, höre ich Musik auf meinem MP3-Player und zünde mir eine Zigarette an. Eine Frau kommt mit ihrem Mann vorbei. Weil sie denkt, ich könnte sie nicht hören, sagt sie: »O mein Gott, wie schrecklich, dass ein so hübscher junger Mann an Lungenkrebs sterben muss!« Ich bin ein Mädchen. SL

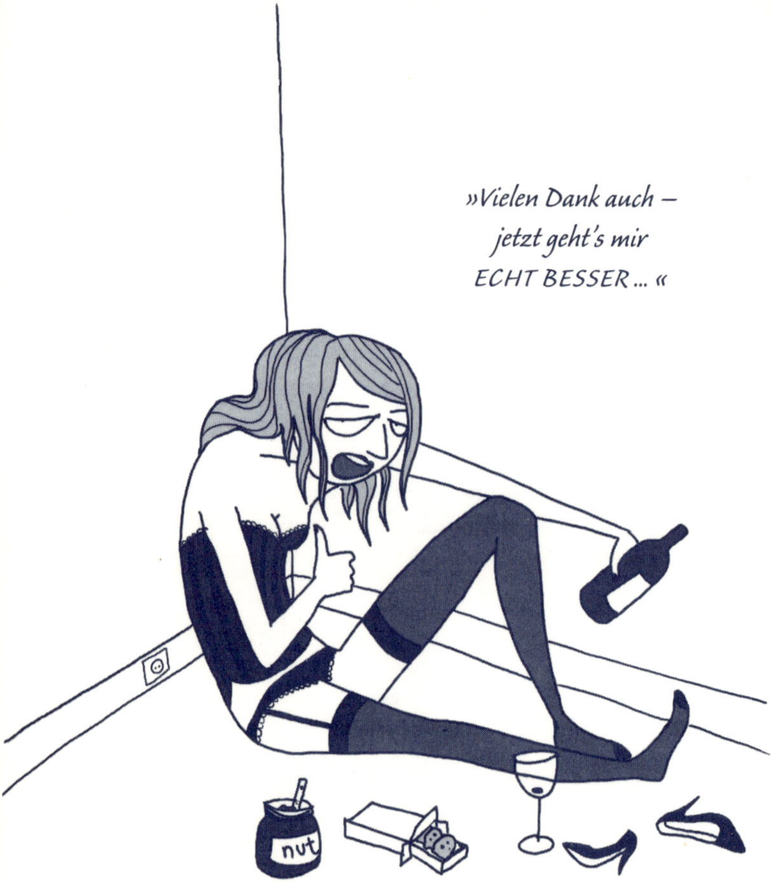

»Vielen Dank auch –
jetzt geht's mir
ECHT BESSER ... «

Heute bin ich endlich einigermaßen über DIE Trennung hinweg-
gekommen. Ich beschließe mich zusammenzureißen und mit ein
paar neuen Klamotten und sexy Dessous zu trösten. Als ich nach
Hause komme, probiere ich alles an und zeige mich entzückt
meiner Mitbewohnerin, die zu mir sagt: »Und wozu brauchst du
das? Du hast doch sowieso keinen Freund.« SL

Heute gehe ich wie jeden Mittag die Post holen. Als ich den Brief-
kasten öffne, sehe ich, dass die Post feucht ist, der ganze Brief-
kasten voller Pisse. Mir fällt wieder ein, dass ich gestern ein paar
Betrunkene auf der Straße gesehen habe. SL

Heute habe ich Geburtstag. Mein Exfreund, mit dem ich immer
noch was hab, hat mir gerade eine SMS geschickt. Ich freue mich
darüber, dass er an mich denkt, und lese sie. Er möchte, dass ich
weiß, dass er eine neue Freundin hat. Was für ein aufmerksamer
Typ … SL

Heute habe ich beim Kundenservice meiner Bank angerufen. Ich
hänge elf Minuten in der Warteschleife, und als endlich jemand
das Gespräch annimmt, habe ich kein Guthaben mehr, und die
Verbindung wird unterbrochen. SL

Heute, oder vielmehr letzten Montag, werde ich im Zug von einer
alten Dame neben mir gemustert. Ich frage sie, ob es ein Problem
gebe, da fängt sie an zu brüllen »Willy! Du bist's, Willy! Wo hast
du denn die ganze Zeit gesteckt?« Das ging die ganze Zugfahrt so
weiter. SL

Heute, nachdem ich meinem besten Freund eine Moralpredigt gehalten habe, weil er mit einem Mädchen schläft, das einen Freund hat, verkündet mir meine Freundin, mit der ich seit einer Woche zusammen bin, dass sie ihren Freund mit mir betrügt. SL

Heute laufe ich die Straße runter, da höre ich jemanden meinen Namen rufen. Ich drehe mich um und sehe, dass ein Herrchen seinen Hund ruft. SL

Heute kommt mein Boss in mein Büro und verkündet, dass wir morgen eine große Besprechung mit vielen wichtigen Leuten haben. Bevor er geht, schaut er mich eindringlich an und sagt: »Versuch dich doch morgen ein bisschen besser anzuziehen.« SL

Heute gehe ich mit meiner Freundin die Straße entlang, als jemand uns hinterherpfeift. Ich drehe mich um, da sagt einer: »Nein, nicht du, deine Freundin.« SL

Heute hat uns der Geschichtslehrer verkündet, dass er am Montag-
nachmittag nicht da ist. Wir waren alle schon froh, am Montag
um 12 Uhr Schulschluss zu haben, als ein Mädchen es dem Mathelehrer erzählt. Der beschließt, den Geschichtsunterricht durch vier
Stunden Mathe zu ersetzen. SL

Heute sollte ich endlich meinen langersehnten Samuraisäbel
bekommen, den ich im Internet für 2000 Euro ersteigert hatte.
Stattdessen war im Päckchen Zorros altes Plastikschwert. SL

Heute gemütlicher Abend mit Freunden. Ich schaue in einem
Zimmer einen Film an, da gesellt sich DER Typ, auf den ich ab-
fahre, zu mir. Ich bin schon total aufgeregt, als ausgerechnet
mein Ex reinkommt und sagt: »Na, Püppchen, wie geht's denn
eigentlich deinem Herpes?« SL

Heute begleite ich (langhaarig) einen Kumpel zur Apotheke. Er
bittet um die Pille danach für seine Freundin. Die Apothekerin
dreht sich zu mir um und fragt: »In welchem Zeitpunkt des Zyklus
waren Sie denn?« Ich bin ein Kerl. SL

Heute ist meine Oma auf meinen Laptop gestiegen, »um zu sehen, wie viel sie wiegt« — sie dachte, es sei eine Waage. Jetzt wissen wir es, sie wiegt 900 Euro. SL

Heute, wie jeden Tag seit zwei Jahren, läuft mir derselbe Idiot über den Weg, der nicht müde wird mir zu sagen, ich sähe aus wie der Schauspieler Didier Bourdon. SL

Heute habe ich herausgefunden, dass meine Oma jeden Morgen den Marmeladenlöffel abschleckt und ihn dann wieder ins Glas zurücksteckt. Ich liebte diese Marmelade. SL

Heute denken meine Eltern, dass ich nur vorübergehend homosexuell bin. SL

Heute hat mein Mitbewohner den ganzen Nachmittag in voller Lautstärke eine lyrische Oper gehört, und jetzt spielt er die James-Bond-Melodie auf der Trompete. SL

Heute hatte ich gerade einen Parkplatz gesichtet, da schnappt ihn mir eine Oma weg, indem sie verkehrt rum in die Einbahnstraße fährt. SL

Heute ruft mich eine Freundin an, von der ich seit Monaten nichts gehört habe. Überrascht aber erfreut hebe ich ab und plappere drauflos. Sie sagt: »Ach, sorry, eigentlich wollte ich jemand anderen anrufen.« SL

Heute kommt der Typ aus meinem Schwimmverein, den ich schon seit einer Weile anbaggere, auf mich zu und spricht mich an: »Sag mal…« Ich, schon im siebten Himmel: »JA?« »Wenn du keine Füße hättest, würdest du dann Schuhe tragen?« Ich: »Na ja…nee.« Er darauf: »Und wieso trägst du dann einen BH?« SL

Heute frage ich meinen Vater, warum er sich für mich »Marc« als Vornamen ausgesucht hat. »Es sollte kurz sein und klingen, so, wie wenn man einen Hund ruft.« Soll ich »wau« sagen oder »danke, Papa«? SL

Heute habe ich eine Mail mit dem Betreff »Psst, das bleibt unter uns« bekommen. Ich dachte, das sei vielleicht eine Liebeserklärung oder so was und war schon ganz aufgeregt. Es war Reklame für ein Versandhaus. SL

Heute bestelle ich einen Espresso und schütte statt Zucker Parmesan hinein. Warum haben die denn auch Parmesan in ihre Zuckerstreuer getan? SL

Heute hat meine 4-jährige kleine Schwester mit einem Edding kleine Herzen und ein Männchen auf mein MacBook gemalt, »weil es sso ssöhner ist«. SL

Heute hat sich meine Mutter eine Sendung über Aids angesehen. Danach kommt sie zu mir und sagt, ich solle immer aufpassen, wenn ich zur Sache komme. Sie hält einen Moment inne und fährt dann fort: »Aber das ist bei dir eigentlich schnuppe, du hast ja eh keinen Freund.« SL

Heute schaue ich mir den Arbeitsplan für die nächste Woche an. Mein Chef hat mir für meinen Geburtstag eine Nachtschicht einge- tragen, dabei habe ich schon alles vorbereitet und die Einladungen verschickt. SL

Heute im Technikunterricht sagt der Lehrer zu uns: »Für dieses Projekt braucht ihr einen Freund, der euch hilft.« Er dreht sich zu mir um und fügt hinzu: »Wie du das machen wirst, weiß ich nicht.« SL

Heute hatte ich einen Termin bei der Kosmetikerin zum Wachsen. Ich habe extra die Beine ein paar Tage nicht rasiert, damit das Wachs besser greift. Danach sagt diese blöde Kuh von Kosme- tikerin doch glatt: »So, jetzt haben Sie endlich wieder Frauen- beine!« SL

Heute habe ich meinem Sohn neue Schuhe gekauft. Auf dem Nachhauseweg hat er einen Wutanfall bekommen und ließ sich über den Bürgersteig schleifen. Jetzt ist das Leder aufgerissen, und man hat den Eindruck, er trage sie schon den ganzen Winter, dabei sind sie gerade mal vier Stunden alt. SL

Heute Morgen, wie jeden Morgen, renne ich, um den Bus zu er-
wischen. Wie gewohnt lächele ich den Fahrer strahlend an, damit
er mir an der roten Ampel noch die Tür aufmacht. Dieses Mal
lächelt er mich strahlend an, zeigt mir den Stinkefinger und fährt
los. SL

Heute bekomme ich einen Anruf von meiner Mutter, die mir mit-
teilt, sie habe bei einer Bücherbörse drei alte Bücher von mir,
die sie nach unserem Umzug in einer Kiste gefunden hat, für
1250 Euro verkauft und gebe mir 10 % davon ab. Diese Bücher
waren Antiquitäten und über 7000 € wert. SL

Heute war der letzte Tag der kleinen Praktikantin, zu der ich
eigentlich immer sehr freundlich war. Sie geht um 18 Uhr, um
18 Uhr 05 suche ich etwas in meiner Tasche. Es fehlen mein iPod
und die Hälfte meiner Zigaretten. SL

Heute beim Vorgespräch für eine Blutspende fragt mich die
Ärztin, wie viele Geschlechtspartner ich im letzten Jahr hatte.
Ich nenne eine (große) Zahl, woraufhin sie sagt: »Haben wir
etwa Schwierigkeiten, den Märchenprinzen zu finden?« SL

Heute habe ich zwei Freundinnen getroffen. Nach einer Weile sagte die eine, sie müsse gehen, da sagt die andere: »Ach komm, du kannst mich doch nicht mit dem alleinlassen!« SL

Heute habe ich die Mutter meiner Freundin kennen gelernt. Als ich einen Moment mit ihr allein bin, sagt sie zu mir: »Weißt du, du bist nicht der Erste, und du wirst bestimmt nicht der Letzte sein.« SL

Heute verkündet mir mein Freund nach sieben Jahren Beziehung, dass er mich nicht mehr liebt. Vollkommen am Boden zerstört frage ich ihn, ob das alles sei, was er dazu zu sagen habe, und er antwortet: »Alles Gute zum Geburtstag.« SL

Heute fragte uns die Englischlehrerin, was »swallow« bedeute, ich antworte: »Schlucken«. Da sagt sie vor der ganzen Klasse: »Da kann man mal sehen, wozu Pornofilme gut sind…« SL

Heute komme ich nach Hause und finde einen Brief von meinem Mitbewohner. Er schreibt, dass es ihm leidtut, sich wie ein Dieb davonzuschleichen, und dass er mir meine 600 Euro so bald wie möglich wiedergeben wird. Ich rufe ihn an – kein Anschluss unter dieser Nummer. SL

Heute gesteht mir mein Freund nach einem Jahr Beziehung, dass ich im Bett ungefähr die gleiche Wirkung auf ihn habe wie ein Kreuzworträtsel. SL

Heute habe ich im Bus aus Versehen eine kleine Oma angerempelt. Ich entschuldige mich kurz und setze mich. Sie geht schreiend nach vorne zum Fahrer. Drei Haltestellen später steigen Polizisten ein, umzingeln mich und begleiten mich hinaus. Draußen erklärt ihnen die kleine Alte, ich hätte sie als alte Sau bezeichnet. SL

Heute habe ich entdeckt, wer MEIN Gras in MEINEM Zimmer geraucht hat. Es war nicht mein kleiner Bruder. Es waren meine Eltern. SL

Heute wache ich nach einem sehr feuchtfröhlichen Abend bei Freunden auf dem Boden auf und habe tierische Kopfschmerzen. Auf dem Weg zu meinem Auto merke ich, dass die Leute mich seltsam anschauen. Am Steuer werfe ich einen Blick in den Rückspiegel. Jemand hat mir mit schwarzem Edding einen Penis auf die Stirn gemalt. SL

Heute bekomme ich gleichzeitig Neuigkeiten von meiner besten Freundin und von meinem Ex: eine Heiratsanzeige. Was für ein Zufall, sie heiraten am selben Tag. SL

Heute komme ich von einer Dienstreise aus Paris zurück und freue mich auf meinen Garten. Ich habe genau gezählt, dieser verfluchte Maulwurf ist 43-mal herausgekommen, um zu sehen, ob ich schon zurück bin. SL

Heute im Matheunterricht erzähle ich meinem Nachbarn einen Witz. Er lacht in seine Hände und macht dabei ein lautes Pups-geräusch. Die ganze Klasse dreht sich zu uns um. Er schaut mich an und sagt laut: »Da hast du aber ein Loch in den Stuhl gefurzt!« SL

Heute wollte ich besonders galant sein und lud meine Freundin zum Essen ein. Als ich zahlen wollte, merkte ich, dass ich kein Geld im Portemonnaie hatte. Stattdessen eine Notiz von meinem kleinen Bruder: »Ich muss meine Freundin ins Restaurant ein-laden, geb's dir aber zurück!« SL

Heute, nach 40 Minuten anstehen auf der Post, weigert man sich, mir ein Päckchen zu geben, weil es auf den Namen meines Sohnes lautet und er den Zustellungsbescheid nicht unterschrieben hat. Mein Sohn ist ein Jahr alt und bekommt dann eben nicht das Geburtstagsgeschenk von seiner Oma. SL

Heute habe ich meine Handyrechnung bekommen. Superfroh über meine neue unbegrenzte Internet-Flatrate gehe ich die ganze Zeit über mein Telefon ins Internet, was laut der Verkäuferin in der Flatrate inbegriffen ist. Rechnungsbetrag: 540 Euro. SL

Heute ist mein 35. Geburtstag. Ich bin Physiklehrer, und meine Schüler haben mir ein Deodorant geschenkt. SL

Heute wollte ich mit meinen Freundinnen ins Casino gehen und landete auf der Polizeistation. Der Türsteher wollte mich nicht reinlassen und behauptete, ich hätte meine Papiere gefälscht, man würde schließlich sehen, dass ich höchstens 16 bin. Ich werde nächsten Monat 21. SL

Heute bin ich so verzweifelt, dass ich zum speed dating gehe. Nach sieben Minuten Unterhaltung mit der ersten Kandidatin sagt diese, dass meine Antworten sie nicht zufriedenstellen. Als ich sie frage, zu welchem Zeitpunkt sie ihre Entscheidung getroffen habe, sagt sie: »Als du ›Guten Tag‹ gesagt hast.« Auf Wiedersehen. SL

Heute habe ich leider schon das Ende meines Buchs erfahren. Auf einer Seite, noch ziemlich am Anfang, hat jemand oben hinge-kritzelt: »Paul stirbt am Ende, Loren hat ihn umgebracht. Hättest mich halt nicht nerven sollen.« Es war meine Schwester, mit der ich gestern gestritten hatte. SL

Heute war ich bei der Stadtverwaltung, um meinen Pass erneuern zu lassen. Nach zwei Stunden Wartezeit komme ich endlich dran. Die Angestellte überprüft meine Papiere und meine Fotos und sagt: »Ihr Gesicht auf dem Bild ist 1 mm zu groß. Sie müssen es noch mal neu machen lassen.« SL

Heute war ich auf einem Musikfestival und habe in der Menge ge-tanzt. Ein Typ klopft mir auf die Schulter, ich drehe mich um, und er sagt: »Ach nee, du bist ja hässlich.« SL

Heute sage ich ganz verliebt und ergriffen zu meiner Freundin: »Was würde ich nur ohne dich machen?« Sie: »Na, du würdest dir einen runterholen.« SL

Heute wollte ich eine kleine Omi (aus meinem Altersheim) aufheitern und schlug ihr vor, sich ein bisschen hübsch zu machen. Sie gab mir zurück: »Wenn mein Hintern aussehen würde wie dein Gesicht, dann würde ich mich schämen, ihn abzuputzen!« Das war's mit den kleinen Omis, ich kündige. SL

Heute habe ich mir den kleinen Zeh am Schrank angehauen. Ich zeige ihn meinem Schatz, damit er die Schäden begutachtet. Er sagt nur: »Da ist nichts, deine Zehen sehen immer noch so aus wie Knacki Balls.« SL

Heute habe ich mich in der Küche ausgetobt und lauter leckere Sachen für meinen Liebling vorbereitet. Als er nach Hause kommt, ruft er durchs ganze Treppenhaus: »Es stinkt nach Scheiße! Hast du gekocht?« Ich habe alles weggeworfen. Heute Mittag gibt's belegte Brote. SL

Heute komme ich um vier Uhr morgens aus der Disco, es sind fünf Grad draußen, und ich bin zu Fuß. Ich versuche ein Auto anzuhalten und laufe dabei ein wenig. Endlich bleibt ein Auto neben mir stehen, das Fenster wird runtergekurbelt, und der Typ ruft: »Kalt, was?!«, und fährt mit Vollgas weiter. SL

Heute muss ein Jugendlicher in meinem Garten gewesen sein, wahrscheinlich um sich seinen Ball zurückzuholen. Beim über die Mauer springen hat er sich offensichtlich auf dem Rohr abgestützt, das meine beiden Heizöltanks miteinander verbindet. Ergebnis: Rohr kaputt, 2000 Liter Heizöl in meinem Garten. SL

Heute besuche ich einen Kumpel und parke mein Auto vor seinem Haus. Ich sage seiner Mutter Hallo, dann gehen wir kurz in sein Zimmer, und als wir wiederkommen, sehen wir, wie meine Karre auf einem Abschleppwagen davonfährt. Seine Mutter musste aus der Garage und »ein Blödmann hatte sein Auto davor abgestellt«. SL

Heute klingelt meine Nachbarin und bittet mich, sofort den Lärm zu stoppen, der aus meiner Wohnung käme, es würde sich anhören wie »wahnsinnig lautes Seehundgeschrei« und störe sie beim Lernen. Ich hatte gelesen und dabei gelacht. SL

Heute sagte ein Typ zu mir: »Hallo, schöne Blondine!«, ich antworte: »Aber ich bin doch gar nicht blond.« Da sagt er: »Du bist
ja auch nicht schön.« SL

Heute gehe ich einkaufen und stelle mein Auto auf dem Parkplatz
ab. Als ich wiederkomme, baumelt mein kaputter Außenspiegel
nur noch an den Drähten herunter und auf der Windschutzscheibe
klebt ein Post-it. Ich denke schon: »Na wenigstens war da jemand
anständig.« Auf dem Post-it stand: »Hättest halt besser parken
sollen, du Arsch!« SL

Heute komme ich nach Hause und hole wie jeden Tag die Post.
Zwischen lauter Werbung ein Brief vom Arbeitsamt, in dem man
mich, unter Androhung von Streichung meines Arbeitslosengeldes,
bittet, zu einem Gespräch mit meinem Berater zu kommen. Ich
hole meinen Terminkalender und notiere den auf … vorgestern
angesetzten Termin.

Heute, als ich gerade aus dem IKEA komme, merke ich, dass ich
meinen Kassenzettel verloren habe. Ich gehe zurück zur Kasse
und lasse mir ein Duplikat geben. Dann gehe ich zur Warenaus-
gabe, um meine Sachen abzuholen. Jemand hat inzwischen meine
Möbel mitgenommen. SL

»Ähm, ... Nichts,
vergiss es.«

Heute bin ich mit meinen Kumpels in einer Bar, ein superhübsches Mädchen sitzt direkt am Nebentisch. Gerade als ich
aufstehen will, um sie anzusprechen, steht mein bester Freund
auf und kotzt ihr vor die Füße. SL

Heute habe ich in der Arbeit einem kleinen Mädchen eine Brille gegeben (ich bin Optikerin) und es gefragt, ob es gut damit sehen könne. Die Kleine antwortet: »Ja, total gut, du hast zwei dicke Pickel auf der Nase!« SL

Heute regnet es in Strömen, ich fahre mit dem Bus nach Hause. Als ich zusammen mit einem Kumpel aussteige, regnet es noch heftiger. Vor seiner Haustür angekommen sagt er: »Schnell ins Trockene!« Ich sage: »Danke, das ist nett!« Er schaut mich irritiert an und sagt: »Ich meinte zu dir ins Trockene.« Ich wohne 200 m entfernt. SL

Heute sitze ich im Zug auf einem Viererplatz, mir gegenüber ein Pärchen. Als der Zug losfährt, beginnt der Typ seine Freundin (die schläft) zu streicheln – es ist allerdings mein Bein, das er berührt (ich bin ein Mann). Etwas verschämt weise ich ihn darauf hin, er antwortet, er wisse das… Es bleiben noch 1 Stunde 30 Minuten Fahrt. SL

Heute musste ich haarscharf einem Auto ausweichen, das in Gegenrichtung auf meiner Fahrbahn auf mich zukam, und habe dabei meines gegen einen Baum rechts von der Straße gesetzt. Jetzt weigert sich die Versicherung zu zahlen, weil ich das andere Auto nicht berührt habe und freiwillig gegen den Baum gedonnert sein soll. SL

Heute war ich bei meinem besten Freund zum Essen eingeladen.
Als ich auf die Toilette gehe, sehe ich in einer Schale den Ehering
meiner Frau, den sie seit einer Woche verloren hat. SL

Heute, oder vielmehr gestern Abend, komme ich mit einem netten
Typen nach Hause. Nach einer langen gemeinsam verbrachten
Nacht sage ich mir, dass ich endlich jemanden gefunden habe,
der es ernst mit mir meint. Heute Morgen spioniere ich in seinen
gesendeten SMS herum und finde: »Du schuldest mir 50 €, sie ist
eine echte Rothaarige.« SL

Heute habe ich zum ersten Mal in meinem Leben einen Typen
nach seiner Handynummer gefragt. Er hat mir per SMS ein Sex-
Date vorgeschlagen. SL

Heute im Bett kuschle ich mich an meinen Freund. Er bittet mich,
mich umzudrehen und von hinten an seinen Rücken zu schmiegen.
Ich mach's und frage ihn, ob es so schön wäre für ihn. Er antwortet: »Ja, viel besser. So muss ich beim Aufwachen nicht dein
Gesicht sehen.« SL

Heute sagt mir der Typ von der Hotline meines Internetanbieters, ich solle in die Systemeinstellungen gehen. Ich sage ihm, dass ich Linux benutze und keine Systemeinstellungen habe. Nach einer langen Pause des Nachdenkens sagt er: »Sie müssen Windows neu installieren und in die Systemeinstellungen gehen.« SL

Heute fiel mir auf, dass mein netter Kollege sorgfältig die Signatur meines E-Mail-Accounts geändert hat. Jeder, der seit letzter Woche eine Mail von mir bekommen hat, konnte am Ende den Satz lesen: »Ich blase für 1 Euro« – zusammen mit meiner Handynummer. SL

Heute lasse ich in einer Druckerei meinen Praktikumsbericht binden. Weil das ganze immerhin 22 Euro kostet, zögere ich nicht, die Verkäuferin darauf hinzuweisen, dass die Hälfte der Seiten schlecht gebunden ist. Sie murrt, gibt mir mein Geld zurück und zerreißt den Bericht vor meinen Augen … mit lauter Blättern, die Einzelexemplare sind. SL

Heute habe ich Geburtstag. Es sind ein paar Freunde da, die Stimmung ist super, kurz: Ich verbringe einen tollen Abend. Dann kommt mein Freund mit einem kleinen Päckchen. Darin ein Duschgel, auf dem steht: »Spezielles Wachstumsgel für den kleinen Busen.« SL

Heute Sportunterricht, Hochsprung. Ich schaffe es, 1 m 35 hoch zu springen, also 20 cm mehr als der Durchschnitt der Mädchen. Ich bin total stolz und gebe überall damit an. 30 Sekunden später kommt die Lehrerin auf mich zu und sagt: »Ohne Gehirn ist man eben leichter. Klar, dass du höher springst!« SL

Heute fragt mich eine Dame, ob der Taschenrechner, den sie für ihre Tochter kaufen will, gut sei (ich bin Studentin und jobbe als Kassiererin). Ich sage ja, und dass ich ihn während meiner gesamten Schulzeit benutzt habe. Sie darauf: »Wenn man sich anschaut, wo Sie gelandet sind, dann denke ich nicht, dass ich den nehme.« SL

Heute bekomme ich eine SMS vom besten Freund meines Freundes: »Kannst du für unseren Abend ein sexy Outfit anziehen? Das wäre traumhaft!« Amüsiert antworte ich ihm: »Du hast dich im Adressaten geirrt, ich bin Emilie!« Er antwortet: »Nein, dein Freund hat gestern beim Pokern verloren. Ich habe eine Liebesnacht mit dir gewonnen…« SL

Heute großer Streit mit meinen Nachbarn, die behaupten, ich mache zu viel Lärm. Meine Schwester ist da, verteidigt mich und regt sich auf. Ich sage laut zu ihr: »Ach, lass gut sein, das sind halt alte Vollidioten.« Später bekomme ich eine Notiz vom Postboten: »Ich habe Ihr Päckchen bei Ihren Nachbarn abgegeben.« SL

Heute war ich gerade dabei, eine Glühbirne an der Decke zu be-
festigen, als meine Frau reinkam und sagte: »Ach, du siehst ja gar
nichts, ich mach dir mal Licht an.« Und sie hat's getan. SL

Heute hat mein Liebling nachts »Vorsicht, das explodiert!« ge-
schrien, ist aus dem Bett gesprungen und hat mich an den Beinen
aus dem Bett gezerrt. Soll ich ihm seine Kriegsvideospiele konfis-
zieren oder Schluss machen wegen Schlafwandelns? SL

Heute klingelt das Telefon, ich renne los, stürze mich darauf,
stolpere, falle auf einen harten Eisenstuhl. Mit Tränen in den
Augen und außer Atem hebe ich ab. »Guten Tag, wir machen eine
Umfrage.« SL